Johannes Mander

Motivationale Phasen
bei Angstpatienten
in der Psychotherapie

Psychometrische Untersuchungen
zum Transtheoretischen Modell
bei stationärer Psychotherapie

Diplomica Verlag GmbH

Mander, Johannes: Motivationale Phasen bei Angstpatienten in der Psychotherapie. Psychometrische Untersuchungen zum Transtheoretischen Modell bei stationärer Psychotherapie, Hamburg, Diplomica Verlag GmbH 2013

Buch-ISBN: 978-3-8428-8640-7
PDF-eBook-ISBN: 978-3-8428-3640-2
Druck/Herstellung: Diplomica® Verlag GmbH, Hamburg, 2013

Covermotiv: © Johannes Mander

Bibliografische Information der Deutschen Nationalbibliothek:
Die Deutsche Nationalbibliothek verzeichnet diese Publikation in der Deutschen Nationalbibliografie; detaillierte bibliografische Daten sind im Internet über http://dnb.d-nb.de abrufbar.

© Diplomica Verlag GmbH
Hermannstal 119k, 22119 Hamburg
http://www.diplomica-verlag.de, Hamburg 2013
Printed in Germany

Danksagung

An dieser Stelle möchte ich mich bei all jenen bedanken, die zum Gelingen dieser Arbeit beigetragen haben. Besonders herzlich bedanken möchte ich mich bei:

Herrn Prof. Dr. Martin Hautzinger für das Ermöglichen dieser Arbeit und deren Betreuung seitens der Universität.

Herrn Prof. Dr. Edgar Geissner für die spannende Aufgabenstellung, die große Freiheit bei deren Bearbeitung und die stets gute Zusammenarbeit.

Der Diplompsychologin Petra Ivert für die Unterstützung mit relevanten Materialien sowie ihre stetige Gesprächsbereitschaft und die stets gute Zusammenarbeit.

All meinen Freunden, insbesondere **Hoto & Bombo, Grander & Gamler**, der „**Neckargemünder Brückengang**", den **Mitbewohnern des Fichtehauses** sowie einigen **ganz speziellen Mitstudenten**, die dafür gesorgt haben, dass der wissenschaftliche Ernst meines Studentenlebens mit einer gehörigen Portion Spaß und Albernheit angereichert wurde.

Und ganz besonderer Dank gilt **meiner Familie – Margit, Tullio, Clemens und Simbal**, die das alles ermöglicht haben. Vielen Dank

Inhaltsverzeichnis

Tabellenverzeichnis I

Abbildungsverzeichnis II

Zusammenfassung 1

1 Einleitung 2

2 Theoretische Grundlagen 3

2.1 Panikstörung und Agoraphobie 3

2.1.1 Symptome der Panikstörung 3

2.1.2 Symptome der Agoraphobie 3

2.1.3 Klassifikation nach DSM-IV und ICD-10 4

2.1.4 Epidemiologie, Risikofaktoren, Verlauf, Prognose, Komorbiditäten 6

2.1.5 Ätiologie 7

2.1.5.1 Genetik 7

2.1.5.2 Biologische Ätiologie 9

2.1.5.2.1 Das respiratorische System und der Locus Coeruleus 9

2.1.5.2.2 Die Rolle der Amygdala 10

2.1.5.2.3 Die Rolle des periaquäduktalen Graus 11

2.1.5.3. Lerntheoretische Erklärungsmodelle 12

2.1.5.3.1 Die Zwei-Faktoren-Theorie 12

2.1.5.3.2 Angst vor der Angst 13

2.1.5.4. Kognitive Erklärungsmodelle 14

2.1.5.4.1 Teufelskreismodelle 14

2.1.5.4.2 Angstsensitivität 15

2.1.5.4.3 Kognitive Schemata 16

2.1.5.5. Entwicklungspsychologische Erklärungsmodelle 16

2.1.5.5.1 Bindungsstil 16

2.1.5.5.2 Adoleszenz 17

2.1.6 Empirisch validierte Behandlungsansätze 17

2.1.6.1 Pharmakologische Behandlungsansätze 17

2.1.6.2 Konfrontationstherapie der Agoraphobie 19

2.1.6.3 Kognitive Verhaltenstherapie bei Panikattacken 20

2.1.6.4 Kombinationsbehandlung 21

2.1.6.5 Stationäre Psychotherapie an der Klinik Roseneck 22

2.2 Das Transtheoretische Modell der Verhaltensänderung.................................23

2.2.1 Die Veränderungsstufen.................................23

2.2.2 Veränderungsstrategien und empirische Bewährung des TTM.................................24

2.2.3 Dimensionale vs. kategoriale Erfassung.................................24

2.2.4 TTM bei chronischen Schmerzen.................................25

2.2.5 Die sechs Veränderungsstufen für Panikstörung und Agoraphobie.................................25

3 Untersuchungsanliegen und Fragestellung.................................28

4 Methode.................................29

4.1 Untersuchungsstichprobe.................................29

4.1.1 Soziodemographische Angaben.................................29

4.1.2 Klinische Beschreibung.................................29

4.2 Interventionen.................................30

4.3 Untersuchungsablauf.................................31

4.4 Messinstrumente.................................31

4.4.1 Beck Angst-Inventar (BAI).................................32

4.4.2 Fragebogen zur Angst vor körperlichen Symptomen (BSQ).................................32

4.4.3 Fragebogen zu angstbezogenen Kognitionen (ACQ).................................33

4.4.4 Mobilitäts-Inventar (MI).................................34

4.4.5 Itempool zum Transtheoretischen Modell.................................34

4.5 Datenanalyse.................................35

4.5.1 Explorative Faktorenanalyse.................................35

4.5.2 Konfirmatorische Faktorenanalyse.................................36

4.5.3 Regressionsanalyse.................................38

4.5.4 Effektstärken.................................39

5 Ergebnisse.................................40

5.1 Vergleich von Stichprobe 1 vs. Stichprobe 2.................................40

5.2 Ergebnisse der explorativen Faktorenanalyse.................................42

5.2.1 Explorative Faktorenanalyse für TTM1.................................42

5.2.2 Explorative Faktorenanalyse für TTM2.................................43

5.3 Ergebnisse der Konformatorischen Faktorenanalyse.................................46

5.3.1 Voraussetzungsanalysen: Überprüfung der Verteilungsform.................................46

5.3.1.1 Überprüfung auf Normalverteilung.................................46

5.3.1.2 Überprüfung auf multivariate Normalverteilung für TTM1.................................46

5.3.1.3 Überprüfung auf multivariate Normalverteilung für TTM2.................................47

5.3.2 Pfadmodell für TTM1.................................47

5.3.3 Fit-Indizes für TTM1 50

5.3.4 Pfadmodell für TTM2 50

5.3.5 Fit-Indizes für TTM2 53

5.4 Ergebnisse der Regressionsanalysen 54

5.4.1 Voraussetzungsanalysen 54

5.4.2 Multiple lineare Regressionsanalysen der Angstmaße auf die TTM-Skalen 54

5.5 Effektstärken der Angstmaße 58

6 Diskussion **59**

6.1 Interpretation der Ergebnisse der Faktorenanalysen 59

6.2 Interpretation der Ergebnisse der Regressionsanalysen 60

6.3 Einordnung in den aktuellen Forschungsstand 63

6.4 Zusammenfassende Diskussion und Ausblick 65

7 Literatur **67**

8 Anhang Inhaltsverzeichnis **84**

Tabellenverzeichnis

Tabelle 1. Verteilung der Diagnosen in der Untersuchungsstichprobe zum Zeitpunkt der stationären Aufnahme (N=193).. 30

Tabelle 2. Vergleich soziodemographischer und klinischer Variablen zwischen den Teilstichproben für explorative und konfirmatorische Faktorenanalysen ($86 \leq N \leq 97$). 40

Tabelle 3: Faktorladungen, Item- und Skalenwerte des TTM1. 42

Tabelle 4. Faktorladungen, Item- und Skalenwerte des TTM2.............................. 44

Tabelle 5. Überprüfung auf multivariate Normalverteilung für TTM1. 46

Tabelle 6. Überprüfung auf multivariate Normalverteilung für TTM2. 47

Tabelle 7. Regressionsgewichte, standardisierte Regressionsgewichte, Standardfehler und Critical Ratios für TTM1.. 48

Tabelle 8. Fit-Indizes für TTM1. 50

Tabelle 9. Regressionsgewichte, standardisierte Regressionsgewichte, Standardfehler und Critical Ratios für TTM2.. 51

Tabelle 10. Fit-Indizes für TTM2. 53

Tabelle 11. Multiple lineare Regression von ACQ zu t_3 auf ACQ zu t_2 und die Differenz zwischen STA zu t_3 und STA zu t_2 (N = 120)..................... 54

Tabelle 12. Multiple lineare Regression von BSQ zu t_3 auf BSQ zu t_1, BSQ zu t_2, STA zu t_2, die Differenz zwischen AUF zu t_3 und AUF zu t_2 und die Differenz zwischen STA zu t_3 und STA zu t_2 (N = 116). 55

Tabelle 13. Multiple lineare Regression von MIB zu t_3 auf MIB zu t_2, die Differenz zwischen AUF zu t_3 und AUF zu t_2 und die Differenz zwischen STA zu t_3 und STA zu t_2 (N = 117). 56

Tabelle 14. Multiple lineare Regression von MIA zu t_3 auf MIA zu t_2, die Differenz zwischen AUF zu t_3 und AUF zu t_2 und die Differenz zwischen STA zu t_3 und STA zu t_2 (N = 118). 56

Tabelle 15. Multiple lineare Regression von BAI zu t_3 auf BAI zu t_1, BAI zu t_2 und die Differenz zwischen STA zu t_3 und STA zu t_2 (N = 119). 57

Tabelle 16. Mittelwerte, Standardabweichungen und Effektstärken der Mittelwertsdifferenzen zwischen t_1 und t_2 sowie t_1 und t_3 für die Angstmaße ($123 \leq N \leq 193$). 58

Abbildungsverzeichnis

Abbildung 1. Scree-Plot zum Verlauf der Eigenwerte für TTM1.. 43

Abbildung 2. Scree-Plot zum Verlauf der Eigenwerte für TTM2.. 45

Abbildung 3. Pfadmodell für TTM1. Sorg = Sorglosigkeit, Bew = Bewusstwerden,
Vor = Vorbereitung, ttmt11- ttmt124 = Items des TTM1, e = Fehlerwerte,
Pfeile = standardisierte Regressionsgewichte, Doppelpfeile = Korrelationen... 49

Abbildung 4. Han = Handlung, Auf = Aufrechterhaltung, Sta = Stabilität, ttmt225
– ttmt244 = Items des TTM2, e: Fehlerwerte, Pfeile = standardisierte
Regressionsgewichte, Doppelpfeile = Korrelationen.. 52

Zusammenfassung

Ziel: Nach dem Transtheoretische Modell (TTM) stellt Verhaltensänderung einen stufenförmigen Prozess dar. Dies konnte für verschiedene Verhaltensbereiche nachgewiesen werden (Schmerz, Sucht, Ernährung usw.). In dieser Psychotherapiestudie sollte ein Fragebogen zu den Veränderungsstufen des TTM für den Bereich Agoraphobie und Panikstörung konstruiert werden und der Zusammenhang der gefundenen Skalen zum Therapieerfolg ermittelt werden.

Methode: 193 Patienten mit den Diagnosen Panikstörung und/oder Agoraphobie nahmen an einer stationären Psychotherapiestudie teil. Zu vier Messzeitpunkten (Anmeldung, Aufnahme, Entlassung, Katamnese) wurde die Angstsymptomatik durch das Beck Angstinventar (BAI), den Fragebogen zur Angst vor körperlichen Symptomen (BSQ), den Fragebogen zu angstbezogenen Kognitionen (ACQ) und dem Mobilitätsinventar (MI) erfasst. Außerdem sollten bei Anmeldung und Aufnahme ein Itempool zu den intentionalen Stufen des TTM und bei Entlassung und in der Katamnese ein Itempool zu den behavioralen Stufen des TTM bearbeitet werden. Mittels explorativer und konfirmatorischer Faktorenanalysen wurde die Faktorenstruktur hinter den TTM-Skalen ermittelt und mit Regressionsanalysen deren Prädiktoreffekte auf die Angstskalen berechnet.

Ergebnisse: Die sechs postulierten Veränderungsstufen (Sorglosigkeit, Bewusstwerden, Vorbereitung, Handlung, Aufrechterhaltung und Stabilität) konnten durch die Faktorenanalysen bestätigt werden. In den Regressionsanalysen erwiesen sich die Subskala Stabilität sowie die Differenzwerte der Subskalen Aufrechterhaltung und Stabilität als signifikante Prädiktoren auf die Angstskalen zum Katamnesezeitpunkt.

Schlussfolgerungen: Verhaltensänderung bei Panikstörung und Agoraphobie scheint in einem stufenförmigen Prozess abzulaufen, wie ihn das TTM postuliert. Die Ausprägungen auf den behavioralen Stufen haben dabei einen Einfluss auf den Therapieerfolg. Zukünftige Studien sollten Objektivität, Reliabilität, Validität und Normwerte der Skalen ermitteln sowie die Wirksamkeit von Interventionen überprüfen, die direkt auf die einzelnen Veränderungsstufen zugeschnitten sind.

1 Einleitung

Angst ist eine universale Emotion, die bei den verschiedensten Spezies auftritt. Nach Darwin (1862) ist die evolutionäre Bedeutung der Angst, den Organismus auf Verteidigungsmaßnahmen vorzubereiten, was Cannon (1929) unter dem heute weit verbreiteten Begriff der „Kampf-Flucht-Reaktion" („fight-flight-response") untersuchte. Demnach bietet Angst eine Schutzfunktion und ist zum Überleben sinnvoll. Tritt die Angst jedoch entkoppelt von externen Bedrohungen auf, verliert sie ihren Sinn und beeinträchtigt den Betroffenen bei seiner alltäglichen Lebensführung. Sie wird zur pathologischen Angst. Zu den verschiedenen Angsterkrankungen zählen die durch Panikattacken und Vermeidungsverhalten gekennzeichneten Störungsbilder Panikstörung und Agoraphobie. Mit einer Prävalenz von 2.4 bzw. 5.7% (Schneider & Margraf, 1998) gehören sie zu den häufigsten Angststörungen. Unbehandelt sind Spontanremissionen selten, wobei die Prognose ungünstiger als bei schweren Depressionen ist (Wittchen, 1988). Dennoch werden im Durchschnitt sieben Jahre benötigt, bis die korrekte Diagnose gefunden ist und eine angemessene Behandlung durchgeführt werden kann (Schneider & Margraf, 1998). In den letzten Jahrzehnten fanden kognitiv-verhaltenstherapeutische Methoden zur Behandlung des Störungsbildes immer mehr Verbreitung. Deren Effektivität ist umfassend nachgewiesen, wie hohe Effektstärken von $d = 1.50$ (Cox, Endler & Lee, 1992) und $d = .87$ (Mitte, 2005) diverser Meta-Analysen demonstrieren. Auf der Individualebene zeigt sich allerdings, dass nicht jeder Patient von der Therapie profitiert. Dies kann verschiedene Gründe haben. Eine wichtige Ursache stellt die Passung der jeweiligen Intervention zum motivationalen Befinden des Patienten dar. Im Transtheoretischen Modell (TTM) von Prochaska und DiClemente (1982) werden verschiedene motivationale Stufen unterschieden, die bei der Verhaltensänderung durchlaufen werden. Abhängig von der aktuellen Veränderungsstufe werden verschiedene darauf zugeschnittene Interventionen empfohlen. Mit einem Fragebogen soll eine Zuordnung der Patienten auf die verschiedenen Stufen ermöglicht werden. Für verschiedene Verhaltensbereiche (z.B. Rauchen, Substanz-missbrauch, Übergewicht, Stressmanagement, Schmerz) konnten die Veränderungsstufen bereits nachgewiesen werden. Es wurden allerdings noch keine Studien bei Panikpatienten durchgeführt, was in der vorliegenden Untersuchung nachgeholt werden sollte. Ziel der Studie war die Konstruktion eines Fragebogens zu den Veränderungsstufen für den Bereich Panik-störung und Agoraphobie sowie die Ermittlung des Zusammenhangs der Ausprägungen in den jeweiligen Stufen zum Therapieerfolg bei kognitiver Verhaltenstherapie.

2 Theoretische Grundlagen

2.1 Panikstörung und Agoraphobie

2.1.1 Symptome der Panikstörung

Zentrales Merkmal der Panikstörung sind wiederholt auftretende, zeitlich umgrenzte Episoden akuter Angst, synonym auch als Panikattacken, Panikanfälle oder Angstanfälle bezeichnet. Die Symptome treten dabei für gewöhnlich spontan auf und sind nicht mit externalen Reizen (z.B. Höhe, Kaufhaus) in Verbindung zu bringen. Als häufigste körperliche Symptome treten Herzklopfen, Herzrasen, Atemnot, Schwindel, Benommenheit, Brustschmerzen sowie Druck oder Engegefühl in der Brust auf (Schneider & Margraf, 1998). Weiter treten üblicherweise kognitive Symptome wie die „Angst zu sterben", „Angst verrückt zu werden" oder „Angst, die Kontrolle zu verlieren" auf (American Psychiatric Association, 2000). Auslöser dieser situationsungebundenen Panikanfälle sind in der Regel interne Reize wie die Wahrnehmung von Herzklopfen oder Atembeschwerden. Seltener werden auch kognitive Faktoren als Ursachen genannt (z.B. „Ich könnte an einem Herzinfarkt sterben"). Durchschnittlich beträgt die Dauer eines Panikanfalls 30 Minuten (mit großer Streubreite). Retrospektive Befunderhebungen zur Intensität der somatischen Symptome fallen wesentlich dramatischer aus als Befragungen direkt nach dem Anfall (Margraf, 1988). Auch zeigen physiologische Messungen der somatischen Symptome während des Panikanfalls wesentlich geringere Ausprägungen als subjektive retrospektive Angaben der Patienten. So kommt es bei den meisten Panikattacken nur zu einem geringen Anstieg der Herzfrequenz, während retrospektive Berichte einen drastischen Anstieg derselben beschreiben (Margraf et al., 1987). Tritt ein Panikanfall auf, versuchen die Patienten, sich durch hilfesuchendes Verhalten zu beruhigen. So wird z.B. der Not-arzt angerufen, oder es werden Beruhigungsmittel eingenommen. Erleiden Patienten einen Panikanfall an einem öffentlichen Ort (z.B. Kaufhaus), versuchen sie, an einen subjektiv sicheren Ort zu flüchten. Intensiviert sich dieses Vermeidungsverhalten, kann dies zu einer Agoraphobie führen.

2.1.2 Symptome der Agoraphobie

Oft entwickeln die Patienten im Verlauf der Zeit ein intensives Vermeidungsverhalten. Typische vermiedene Situationen sind Kinos, Restaurants, Kaufhäuser, öffentliche Verkehrsmittel, Fahrstühle, Autofahren oder Höhen. Gemeinsames Merkmal dieser Situationen ist, dass im Falle einer Panikattacke eine Flucht schwierig oder peinlich wäre bzw. keine Hilfe zur Verfügung stünde. Deshalb benutzen verschiedene Autoren die Metapher „in der Falle sitzen" („trapped") zur Beschreibung typischer agoraphobischer Situationen (Goldstein & Chambless, 1978; Beck, Emery & Greenberg, 1985). Das Vermeidungsverhalten kann nur einige dieser spezifischen Situationen betreffen oder in extremen Fällen so stark generalisieren, dass die Patienten nicht mehr das Haus verlassen. Seltener zeigen die Patienten kein Vermeidungsver-halten, sondern ertragen die gefürchteten Situationen unter enormer Angst. Im Allgemeinen werden die Situationen in Begleitung besser ertragen. Dies gilt vor allem für die Anwesenheit von erwachsenen Bezugspersonen wie den Eltern oder dem Partner, in selteneren Fällen aber auch für die Präsenz von Kindern oder Haustieren. Neben der Begleitung durch Bezugsperso-nen bestehen noch weitere sogenannte Sicherheitssignale, die angstreduzierend wirken. Dazu gehören das Mitsichführen von Medikamenten, Riechsubstanzen oder der Telefonnummer des Arztes. Typisch für Agoraphobiker und Panikpatienten ist die andauernde Angst vor dem Auftreten von Paniksymptomen, was als „Angst vor der Angst" bezeichnet wird. Diese wird von vielen Autoren als zentrales Merkmal der Störung gesehen. So schlagen Barlow und Waddell (1985) vor, Agoraphobie in „Panphobie" umzubenennen.

2.1.3 Klassifikation nach DSM-IV und ICD-10

In der vierten Fassung des Diagnostischen und Statistischen Manuals psychischer Störungen (DSM-IV) werden die Kriterien der Panikattacke dem Kapitel Angststörungen vorgeschaltet, da diese im Kontext aller Angststörungen auftreten kann. Sie wird definiert als eine abgrenzbare Episode intensiver Angst in Abwesenheit einer echten Gefahr, bei der mindestens vier der folgenden 13 kognitiven und somatischen Symptome auftreten und nach 10 Minuten ihren Höhepunkt erreichen: Palpitationen, Schwitzen, Zittern oder Beben, Gefühle der Kurzatmigkeit oder Atemnot, Erstickungsgefühle, Schmerzen oder Beklemmungsgefühle in der Brust, Übelkeit oder abdominelle Beschwerden, Schwindel oder Benommenheit, Derealisation oder Depersonalisation, Angst, die Kontrolle zu verlieren oder „verrückt" zu werden, Todesangst, Parästhesien, Kälteschauer oder Hitzewallungen. Dabei werden drei Arten von Panikattacken unterschieden, die unterschiedlich stark mit situativen Auslösern verbunden sind: Bei unerwarteten (nicht ausgelösten) Panikattacken erkennt der Betroffene keinen Zusammenhang zwischen ihrem Beginn und externen und internen Auslösern. Situationsbegünstigte Panikattacken treten häufig, jedoch nicht immer und nicht notwendigerweise unmittelbar, nach der Konfrontation mit einem externen Reiz auf. Situationsgebundene (ausgelöste) Panikattacken treten fast immer unmittelbar nach der Konfrontation mit einem externen Reiz auf.

Für die Vergabe der Diagnose „Panikstörung ohne Agoraphobie" (300.01) oder „Panikstörung mit Agoraphobie" (300.21) müssen folgende Kriterien erfüllt sein: Es treten wiederholt uner-wartete Panikattacken auf, wobei nach mindestens einer von diesen für mindestens einen

Monat die Erwartungsangst vor dem Auftreten weiterer Attacken oder Sorgen über die Konsequenzen der Attacke (z.B. einen Herzinfarkt zu erleiden) oder deutliche Verhaltensänderungen (z.B. Kündigen der Arbeit, Vermeidung von körperlicher Anstrengung) auftreten (Kriterium A). Es wird codiert, ob eine Agoraphobie vorliegt (Kriterium B). Die Panikattacken dürfen außerdem nicht auf die direkte Wirkung einer Substanz (z.B. Droge, Medikament) oder auf einen medizinischen Krankheitsfaktor (z.B. Hyperthyreose) zurückzuführen sein (Kriterium C) und sind nicht durch eine andere psychische Störung besser zu erklären (Kriterium D).

Im DSM-IV ist die Agoraphobie der Panikstörung hierarchisch untergeordnet und keine eigenständig codierbare Störung. Sie kommt nur im Kontext einer „Panikstörung mit Agoraphobie" (300.21) und einer „Agoraphobie ohne Panikstörung in der Vorgeschichte" (300.22) vor. Das Hauptmerkmal einer Agoraphobie ist die Angst vor Orten, von denen eine Flucht schwierig oder peinlich sein könnte oder an welchen im Falle einer Panikattacke oder panikartiger Symptome (z.B. Schwindelanfälle oder eine plötzlichen Durchfallattacke) Hilfe nicht erreichbar sein könnte (Kriterium A). Diese Situationen werden vermieden oder mit enormer Angst durchgestanden bzw. können nur in Begleitung aufgesucht werden (Kriterium B). Dabei können die Angst und das phobische Vermeidungsverhalten nicht durch eine andere psychische Störung (z.B. Soziale Phobie, Spezifische Phobie, Zwangsstörung) besser erklärt werden (Kriterium C).

In der 10. Revision der Internationalen Klassifikation psychischer Störungen (ICD-10) wird im Gegensatz zum DSM-IV die Panikstörung der Agoraphobie untergeordnet. Somit ergeben sich die Diagnosen „Agoraphobie ohne Panikstörung" (F40.00), „Agoraphobie mit Panikstörung" (F40.01) aus der Kategorie „phobische Störungen" (F40) sowie die Diagnose „Panikstörung (episodisch paroxysmale Angst)" (F41.0), die der Kategorie „sonstige Angststörungen" (F41) zugeordnet wird. Weiter fordert die ICD-10, dass aus einem festgelegtes Cluster von Situationen (Menschenmengen, öffentliche Plätze, allein Reisen, Reisen mit weiter Entfernung von Zuhause) mindestens zwei vermieden werden müssen, um die Diagnose Agoraphobie zu erhalten. Außerdem wird in der ICD-10, nicht aber im DSM-IV, explizit gefordert, dass eine Einschränkung oder Belastung durch die Agoraphobie vorliegen muss.

2.1.4 Epidemiologie, Risikofaktoren, Verlauf, Prognose, Komorbiditäten

Seit der Einführung reliablerer Diagnosesysteme wie dem DSM-III (APA, 1980) wurden eine Reihe großangelegter epidemiologischer Studien durchgeführt. Von besonderer Bedeutung sind dabei das Epidemiological Catchment Area Program (ECA) des National Institute of Mental Health (NIMH), welches bisher über 18 000 Probanden beinhaltet (Myers et al., 1984; Robins et al., 1984; Weissman et al. 1986), die Züricher-Studie mit über 6000 Probanden (Angst & Dobler-Mikola, 1985a, 1985b) und die Münchner Follow-up Studie (MFS) mit über 1300 Probanden (Wittchen, 1986). Diese Studien ermittelten für das Paniksyndrom (DSM-III-R: Panikstörung ohne Agoraphobie) Lebenszeitprävalenzen zwischen 1.4% und 2.4% und durchschnittliche Sechs-Monats-Prävalenzen zwischen 0.6% bis 1.1% (ECA- und MFS-Studien) sowie eine jährliche Inzidenz von 0.2% (Zürich-Studie). Für die Agoraphobie zeigten sich Lebenszeitprävalenzen zwischen 3.4% und 9% (ECA- und MFS-Studien) sowie Sechs-Monats-Prävalenzen zwischen 2.7% und 5.8% und eine jährliche Inzidenz von 2.5% (Zürich-Studie).

Panikanfälle und Agoraphobien beginnen in der Regel im frühen Erwachsenenalter zwischen 20 und 30 Jahren, wobei das Durchschnittsalter bei 28 Jahren liegt (Marks & Herst, 1970; Thorpe & Burns, 1983). Weniger als 10% aller Fälle beginnen vor dem 16 oder nach dem 40. Lebensjahr. Nach retrospektiven Angaben beginnt die Störung bei mindestens 80% der Patienten plötzlich mit einer Panikattacke an einem öffentlichen Ort, ein schleichender Beginn ist selten (Öst, 1987). Bei Frauen treten die Panikstörung doppelt so häufig und die Agoraphobie zwei bis dreimal häufiger auf als bei Männern. Agoraphobien waren in den USA bei Personen mit niedrigerem Bildungsniveau (ohne Collegeabschluss) etwa doppelt so häufig vertreten wie in der Allgemeinbevölkerung (ECA-Studie), während bei europäischen Agoraphobikern kein Effekt von Intelligenz und sozialer Schicht auf die Auftretenshäufigkeit bestand (Marks & Herst, 1970; Thorpe & Burns, 1983). Möglicherweise ist dieser Effekt durch den relativ geringen Anteil an Frauen mit Collegeabschluss in der ECA-Studie zu erklären. In der MFS-Studie wurde bei ca. 80% der Patienten vor der ersten Panikattacke kritische Lebensereignisse (z.B. Tod von Angehörigen, Scheidung, Schwangerschaft) festgestellt. Als weitere Risikofaktoren wurden Familienstand sowie ländlicher und städtischer Raum untersucht, hier liegen aber keine konsistenten Befunde vor (Wittchen & Essau, 1993; Margraf & Schneider, 1990). Als zentraler Risikofaktor gilt ein allgemein erhöhtes Stressniveau. Eine Kombination von psychophysiologischen (z.B. niedriger Blutdruck, Allergie, zuviel Kaffee, Alkohol, Schwangerschaft) und psychosozialen Stressfaktoren (z.B. unerwarteter Todesfall, familiäre Konflikte, Kündigung) geht meist dem Auftreten der ersten Panikattacke voraus (Morschitzky, 1998).

Panikstörung und Agoraphobie sind oft fluktuierend im Verlauf, symptomfreie Phasen können für einige Tage bis zu einigen Monaten auftreten. Bei unbehandelten Patienten ist die Störung chronisch und die Prognose ist nach Meinung aller Fachleute ungünstiger als bei depressiven Patienten (Morschitzky, 1998). Sobald die Störung länger als ein Jahr angehalten hat, sind Spontanremissionen selten. So konnte Wittchen (1988) in der MFS-Studie zeigen, dass bei 90% der Patienten nach sieben Jahren noch immer die Diagnosekriterien erfüllt waren. 50-65% der Patienten mit Panikstörung weisen als komorbide Störung eine Depression auf (Morschitzky, 1998), wobei bei zwei Dritteln der Fälle die Depression gleichzeitig mit oder als Folge der Panikstörung auftritt. Weitere häufige komorbide Störungen sind Alkohol- oder Drogenmissbrauch sowie andere Angststörungen. Nach der ECA-Studie besteht auch ein erhöhtes Suizidrisiko. So begingen 20% der Patienten Suizidversuche und 44% dachten ernsthaft über einen Suizid nach. Die Störung führt oft zu starken psychosozialen Beeinträchtigungen und häufiger Inanspruchnahme des Gesundheitssystems.

2.1.5 Ätiologie

2.1.5.1 Genetik

Weissman (1993) integrierte in einem Review sechs Familienstudien zur Panikstörung (mit/ ohne Agoraphobie). Bei Verwandten ersten Grades der Patientengruppen litten 7.7-20.5% ebenfalls an eine Panikstörung im Gegensatz zu 1.2-2.4% in den Kontrollgruppen, was für eine starke familiäre Häufung spricht. Ein neueres Review zeigt ähnliche Befunde: 7.9-17.3% der Verwandten ersten Grades von Panikpatienten erfüllten ebenfalls die Diagnose der Panikstörung, dagegen nur 0.7-4.2% der Verwandten von Kontrollprobanden (Shih, Belmonte und Zandl 2004). Lange Zeit existierte nur eine einzige publizierte Zwillingsstudie. Diese verglich 13 monozygote mit 16 dizygoten Zwillingen bezüglich der Häufigkeit von Panikstörungen. Die Konkordanzrate bei den monozygoten Zwillingen war mit 31% signifikant höher als bei den dizygoten Zwillingen, bei denen keiner der Geschwister eine Panikstörung entwickelte (Torgersen, 1983). Die Untersuchung weißt neben der geringen Stichprobe allerdings auch methodische Mängel (keine blinden Untersucher, der gleiche Forscher interviewte beide Zwillinge) auf. Neuere Studien zeigen Konkordanzraten von 42-73% bei monozygoten sowie 0 - 17% bei dizygoten Zwillingen (Skre et al., 1993; Perna et al., 1997). Martin et al. (1988) fanden in einer großen Stichprobe von 3798 Zwillingen aus dem Australian National Health and Medical Research Council Twin Registry, dass die körperlichen Symptome der Panikstörung (z.B. Herzrasen und Atemnot) eine starke genetische Basis besitzen. In der Untersuchung wurden allerdings nur Angstsymptome und keine vollständigen Störungsbilder erfasst.

Es wurde eine genetische Beziehung zwischen Panikstörung und generalisierter Angststörung vermutet. Studien konnten allerdings zeigen, dass das Risiko für eine generalisierte Angststörung bei Verwandten von Patienten mit Panikstörung dem Risiko bei Verwandten von Kontrollprobanden entspricht (Crowe et al. 1983; Harris et al., 1983; Noyes et al., 1986). Die Autoren ermittelten auch für primäre Major Depression keine genetische Beziehung. Für sekundäre Major Depression zeigte sich eine Häufung bei Verwandten von Panikpatienten. Dies muss aber nicht auf eine genetische Basis zurückzuführen sein, sondern kann eine Folgeerscheinung der vorausgehenden Angststörung sein. Noyes et al. (1986) zeigten, dass bei 17% der Verwandten ersten Grades von Agoraphobikern die Diagnose Alkoholismus, aber nur bei 8.4% der Patienten mit reiner Panikstörung und bei 5.5% der Kontrollfamilien bestand. Möglicherweise trinken die Verwandten, um subklinische Angstsymptome zu reduzieren. Somit bestünde eine genetische Vulnerabilität für Alkoholismus bei Agoraphobikern.

Zunächst wurde von einer monogenetischen Vererbung der Panikstörung und Agoraphobie ausgegangen, da sich stärkere Häufungen der Störung auf jeweils einer Seite der Familie (entweder mütterlicher- oder väterlicherseits) auffinden lies (Pauls, Crowe & Noyes, 1979). Heute wird allerdings von einer polygenetischen Vererbung ausgegangen. Linkage-Analysen deuten darauf hin, dass im Umfeld des Protein-Markers Alpha-Haptoglobin auf Chromosom 16q22 ein krankheitsrelevantes Gen zu identifizieren ist. Eine Untersuchung von 10 Panik-Familien konnte jedoch kein Gen für die Panikstörung auf Chromosom 16 ermitteln (Crowe et al.1990). Weiter wird mit sogenannten Candidate-Genes geforscht, also mit geklonten menschlichen Genen, die funktionell mit der Störung verknüpft sind. Dazu gehören bei der Panikstörung die Gene für alpha- und beta-adrenerge sowie für GABA-Rezeptoren. Wang, Crowe & Noyes (1992) untersuchten in diesem Kontext Mutationen der alpha- und beta-adrenergen Rezeptoren und fanden keinen Zusammenhang zur Panikstörung. Als weiteres Candidate-Gene wurde NTRK3 auf Chromosom 15q25 untersucht, welches den Rezeptor Neurotrophin 3 (NT-3) im Locus coeruleus des Hirnstamms enkodiert. Armengol et al. (2002) zeigten, dass das Allel 2 des Einfachen Nukleotid Polimorphismus PromII in der Region 5´UTR des Gens NTRK3 einen signifikanten Zusammenhang zur Panikstörung aufwies. Dies spricht für eine Heterozygozität und für eine genetische Vererbung der Panikstörung.

2.1.5.2 Biologische Ätiologie

2.1.5.2.1 Das respiratorische System und der Locus Coeruleus

In den letzten Jahren wurden eine Reihe chemischer Substanzen ermittelt, mit welchen bei Panikpatienten Panikanfälle künstlich im Labor ausgelöst werden können. So können Infusionen von Sodiumlaktat und eine erhöhte CO_2-Konzentration in der Luft Panikattacken auslösen (Kahn & Praag, 1991). Es wurde vermutet, dass Panikpatienten hypersensitive CO_2-Rezeptoren besitzen und chronisch hyperventilieren, um die CO_2-Konzentration im Blut zu reduzieren (Gorman, Cohen & Liebowitz, 1986). Das respiratorische System von Panikpatien-ten scheint sich allerdings nicht von Kontrollprobanden zu unterscheiden (Sinha, Papp & Gormann, 2000). Außerdem konnten Sanderson, Rapee und Barlow (1989) zeigen, dass bei Kontrollillusion über die Konzentration des CO_2-Gehalts in der Luft signifikant weniger Panikattacken ausgelöst wurden als ohne Kontrollillusion. Somit scheinen hier eher kognitive als biologische Faktoren (wahrgenommene Kontrolle) bedeutsam zu sein.

Es wurde vermutet, dass Sodiumlaktat und CO_2 das noradrenerge Zentrum im Hirnstamm, den Locus Coeruleus (LC), stimulieren, und Panikattacken aufgrund der erhöhten Noradrenalinaktivität ausgelöst werden. Redmond und Huang (1987) zeigten, dass bei Affen die chemische Stimulation des Locus coeruleus mit dem α_2-adrenergen Antagonisten Yohimbin zu Angstzuständen führt. Yohimbin blockiert den inhibitorischen präsynaptischen α_2-adrenergen Rezeptor und stimuliert dadurch die Noradrenalinausschüttung aus dem Locus Coeruleus. Zwar führt Yohimbin bei Panikpatienten zu Panikattacken und erhöhter Konzentration des Noradrenalin Metaboliten 3-Methoxy-4-Hydoxyphenylglykol (MHPG) im Blut, aber bei natürlichen Panikattacken besteht diese erhöhte Konzentration nicht (Charney et al., 1987). Da Diazepam yohimbininduzierte Panik, nicht aber den erhöhte MHPG-Spiegel blokkiert, lässt sich vermuten, dass auch yohimbininduzierter Panik andere Mechanismen als die intensivierte Aktivität des Locus Coeruleus zugrunde liegen (Charney, Heninger & Redmond, 1983). Die genannten Substanzen scheinen also nicht über spezifische Mechanismen Panikattacken auszulösen. Wahrscheinlicher ist ein unspezifischer Mechanismus, der über die Amygdala kontrolliert wird und mit der konditionierten Furchtreaktion sowie einem abnormal sensitiven Angstnetzwerk zusammenhängt.

2.1.5.2.2 Die Rolle der Amygdala

Seit Pavlov (1927) ist bekannt, dass ein anfangs neutraler Stimulus (konditionierter Stimulus, CS) affektiven Gehalt erhalten kann bei wiederholter Paarung mit einem biologisch bedeutsamen Ereignis (unkonditionierter Stimulus, UCS). Wird beispielsweise einer Ratte ein Ton (CS) gefolgt von einem elektrischen Schlag (UCS) dargeboten, wird nach einigen Ton-Schock-Paarungen auf die alleinige Darbietung des Tons eine Furchtreaktion ausgelöst (Furchtkonditionierung). Ähnlich könnte die Konditionierung von körperlichen Symptomen (CS) und der Panikattacke (UCS) bei Panikpatienten ablaufen. Eine Reihe von Befunden spre-chen dafür, dass das neuronale Substrat der Furchtkonditionierung in der Amygdala lokalisiert ist. So führt die Zerstörung der Amygdala bei Primaten zum Verlust der Furcht vor vorher angstauslösenden Stimuli, was als Kluver-Bucy-Syndrom bezeichnet wird (Kluver & Bucy, 1939). Außerdem zeigen Menschen Läsionen im Bereich der Amygdala Defizite in der Furchtkonditionierung (LaBar et al. 1995). Somit scheint die Amygdala eine entscheidende Rolle bei der Bewertung von angstauslösenden Reizen zu spielen.

Läsionsstudien zeigten, dass die relevantesten Strukturen für die Furchtkonditionierung im lateralen, basalen, akzessorisch basalen und zentralen Nucleus der Amygdala und den Verbindungen zwischen diesen zu finden sind (Pitkänen, Savander & LeDoux, 1997). Das neurale Substrat für die Konvergenz von CS und UCS scheint in der lateralen Amygdala zu liegen. Deren Zellen sind responsiv auf nozizeptive Stimulation und einige der gleichen Zellen reagieren auch auf auditive Stimulation (Romanski et al. 1993). Eine Beschädigung der lateralen Amygdala führt dazu, dass eine Furchtkonditionierung auf akustische Reize nicht mehr möglich ist (LeDoux, 1990). Die laterale Amygdala leitet die Information direkt und indirekt über die basale und akzessorisch basale Amygdala an die zentrale Amygdala weiter. Die zentrale Amygdala projiziert zu Arealen des Hirnstamms, die den Ausdruck der Furchtreaktionen kontrollieren. Die einzelnen Projektionsgebiete sind das autonome Nervensystem (somatische Vorgänge), der Hypothalamus (Stressreaktion), das periaquäduktale Grau (Affekte), der Locus Coeruleus (Wachsamkeit), die Retikuläre Formation (Schreckreaktion) und der parabrachiale Nucleus (Hyperventilation) (Förstl, Hautzinger & Roth, 2006). Eine Beschädigung der zentralen Amygdala führt zur Blockade des Ausdrucks der konditionierten Furchtreaktion (Hitchcock & Davis, 1986). Die zentrale Amygdala scheint somit Befehlsinstanz für die Ausführung der konditionierten Furchtreaktion zu sein. Dabei wird die amygdalagesteuerte vegetative Angstreaktion schon vor der kognitiven Verarbeitung der wahrgenommenen Reize aktiviert. Sensorische Inputs aus allen Modalitäten außer der olfaktorischen werden über den Thalamus verschaltet und von dort in die laterale Amygdala weitergeleitet. Dabei sind die

Nervenbahnen vom Thalamus zur lateralen Amygdala wesentlich kürzer als die Verbindung vom Thalamus zum präfrontalen Cortex (LeDoux, 2001).

Zusätzlich zur Furchtreaktion auf den CS zeigen Ratten Furcht, wenn sie wieder in den Käfig gesetzt werden, in welchem Ton und Schock gepaart wurden. Für diese kontextgebundene Furchtkonditionierung sind sowohl Amygdala als auch der für die deklarative Gedächtniskonsolidierung zuständige Hippocampus nötig (Maren, Aharonov & Fanselow, 1997). Areale des ventralen Hippocampus (CA1 und Subiculum) projizieren zu den basalen und akzessorisch basalen Nuclei der Amygdala. Beschädigung dieser Bahnen führen zur Blockade der kontextgebundenen Furchtkonditionierung (Maren & Fanselow, 1995). Diese scheint die neuronale Grundlage für die Entwicklung einer Agoraphobie bei Panikpatienten zu sein.

Über die Langzeitpotenzierung (LTP) wurde neuronale Plastizität in der Amygdala bei der Furchtkonditionierung nachgewiesen (LeDoux, 2000). LTP wurde zunächst in der CA1-Region Hippocampus beobachtet und gilt als neuroplastische Grundlage für Assoziationslernen. Dabei interagiert die präsynaptische Ausschüttung von Glutamat mit zwei postsynaptischen Rezeptoren. Zunächst bindet Glutamat an AMPA-Rezeptoren. Ist die Depolarisation stark genug, so wird die Blockade der benachbarten NMDA-Rezeptoren durch Magnesiumionen (Mg^{2+}) aufgelöst und Glutamat kann an diese Rezeptoren binden. Dadurch können Calziumionen (Ca^{2+}) durch den NMDA-Kanal fließen und über mehrere Schritte den Zellkern zur Synthese bestimmter Proteine anregen, die zur Stabilisierung der Veränderungen über längere Zeiträume führen (Nicoll & Malenka, 1995). Es existieren erste Belege für den Zusammenhang der Furchtkonditionierung und LTP in der Amygdala. So verhinderte die Infusion des NMDA-Rezeptor-Blockers DL-2-Amino-5-Phosophonovaerate (APV) in die Amygdala das Erlernen konditionierter Furchtreaktionen (Miserendino et al. 1990).

2.1.5.2.3 Die Rolle des periaquäduktalen Graus

Nach Deakin und Graeffs (1991) dualer Theorie der Angst ist die Amygdala zuständig für konditionierte Furcht und antizipierte Angst. Dysfunktionen in diesem Mechanismus könnten mit situationsgebundener, also agoraphobischer Panik zusammenhängen. Das periaquäduktale Grau (zentrales Höhlengrau, PAG) organisiert die Reaktion auf unkonditionierte aversive Reize, wie Schmerz oder angeborene angstinduzierende Reize (z.B. Geruch oder Erblicken eines Raubtiers). Situationsungebundene Panikattacken werden verursacht durch eine spontane Aktivierung des Fight-Flight-Reflexsystems und werden betrachtet als extreme Manifestation von unkonditionierter Furcht. Demnach spielt das PAG eine wichtige ätiologische Rolle in der Entwicklung der Panikstörung. Eine Reihe empirischer Befunde bestätigen diese Hypothese. Ursprünglich wurde die Stimulierung des PAG als mögliche Behandlungsform für Schmerzpatienten eingesetzt. Als Nebeneffekte traten dabei Symptome ähnlich denen der Panikattacke auf (Richardson & Akil, 1977). Stimulation der dorsolateralen und lateralen Areale des PAG von Ratten führte zu panikartigen Symptomen. Dabei zeigte die Konfrontation mit unkonditionierten angstauslösenden Reize (Katze) eine Aktivierung der dorsolateralen Areale, die somit auf der frühen Inputebene zu arbeiten scheinen, während laterale Areale vermutlich für die Informationsweiterleitung an andere Gehirnregionen verantwortlich sind (Lovick, 2000). Auch Untersuchungen mit den Neurotransmittern 5 Hydroxitryptamin (Serotonin, 5-HT) und γ-Aminobuttersäure (GABA) konnten Zusammenhänge zwischen PAG und Fight-Flight-Reflexsystem erbringen. Im typischen Versuchsaufbau kommt eine Ratte in eine Shuttle-Box und es werden elektrische Schläge mit zunehmender Spannung am Boden appliziert. Dabei wird die minimale Spannungsinduktion, die zur Flucht der Ratte auf die andere Käfigseite führt, als aversive Schwelle genommen. Bei Mikroinjektion von 5-HT sowie GABA ins dorsale PAG der Ratte war diese Schwelle erhöht (Graeff et al. 1993).

2.1.5.3. Lerntheoretische Erklärungsmodelle

2.1.5.3.1 Die Zwei-Faktoren-Theorie

Lange Zeit war die Zwei-Faktoren-Theorie von Mowrer (1947) die einflussreichste Erklärung für agoraphobisches Verhalten. Zunächst wird ein neutraler (konditionierter) Reiz (z.B. Kaufhaus) aufgrund traumatischer Ereignisse (z.B. Panikattacke) mit einem zentralen motivationalen Angstzustand assoziiert (klassische Konditionierung). Dann wird die konditionierte Angst durch Vermeidung des konditionierten Reizes reduziert bzw. negativ verstärkt (operante Konditionierung), wodurch eine Löschung der Angst verhindert wird. Die Zwei-Faktoren-Theorie kann auch als Erklärungsansatz für Panikstörung ohne Agoraphobie verwendet werden. Über klassische Konditionierung werden körperliche Symptome an die Panikattacke gekoppelt. Folglich entwickelt sich ein internaler Fokus der Aufmerksamkeit, der dazu führt, dass auch kleinste körperliche Veränderungen registriert werden und als bedrohlich erlebt werden. Die Patienten entwickeln ein subtiles Vermeidungsverhalten, aufgrund dessen keine Löschung der Angst vor den körperlichen Symptomen stattfindet (Salkovskis, 1988). So sollten beispielsweise Panikpatienten, die vermuten, an einer Herzkrankheit zu leiden, jedwede Form der Anstrengung vermeiden und sich sofort ausruhen, wenn sie Palpitationen feststellen. Salkovskis (1990) führten in diesem Kontext eine retrospektive korrelative Studie bezüglich des Zusammenhangs von Kognitionen und Verhalten durch. Er konnte zeigen, dass Patienten, die dachten, während der Panik eine Herzattacke zu erleiden, sich bei Palpitationen hinsetzten und ihre Atmung verlangsamten oder Patienten, die Angst hatten, in Ohnmacht zu fallen, sich bei Schwindelgefühlen an feste Objekte anlehnten.

Die Zwei-Faktoren-Theorie wurde allerdings in einer Reihe von Arbeiten kritisiert und modifiziert. So berichten viele Patienten nicht über traumatische Ereignisse im Zusammenhang mit den vermiedenen Situationen (Schneider & Margraf, 1998). Außerdem können individuelle protektive Faktoren die Genese gelernter Angstreaktionen auch bei Vorliegen von Konditionierungssituationen verhindern. Zudem wird nicht jeder neutrale Reiz mit gleicher Wahrscheinlichkeit zum Auslöser konditionierter agoraphobischer Ängste. Die Verteilung der konditionierten Reize für die Genese einer Agoraphobie entspricht weder der Häufigkeit dieser Reize im Alltag noch der Wahrscheinlichkeit traumatischer Erfahrungen mit ihnen (Margraf & Schneider, 2000). Seligman (1971) postuliert, dass nur Reize, die in der Evolution bedeutsam für das Überleben der menschlichen Spezies waren, wirksame neutrale Reize für die Konditionierung einer Phobie darstellen. Es muss also eine biologische Vorbereitung („preparedness") für die Furchtkonditionierung gegeben sein. Dabei ist vorstellbar, dass eine Verbindung zwischen Angstreaktionen und öffentlichen Orten, die weit von zu Hause entfernt sind, biologisch vorbereitet ist. Weites Distanzieren von zu Hause war für den Urzeitmenschen lebensbedrohlich. Biologische Vorbereitung ist auch bei panikrelevanten endogenen Reizen (z.B. Herzrasen) zu vermuten (Mineka, 1985): Interozeptive Konditionierung zeigte sich im Tierversuch als schnell erlernbar, stabil und löschungsresistent.

2.1.5.3.2 Angst vor der Angst

Goldstein und Chambless (1978) unterscheiden zwei Kategorien von Agoraphobien. Ist diese die Konsequenz von durch drogeneinahme oder medizinischen Krankheitsfaktor ausgelösten Panikattacken, so wird von einfacher Agoraphobie gesprochen. Wird die Primärursache erfolgreich behandelt, erholen sich die Patienten im Normalfall schnell von der Agoraphobie. Die komplexe Agoraphobie geht dagegen mit einer Reihe von psychischen und sozialen Defiziten einher. Dazu gehören ein geringes Selbstbewusstsein, allgemeine Abhängigkeit, starke interpersonale Konflikte und Fehlattributionen von negativen Gefühlen. Als zentralstes Element wird aber die Angst vor der Angst angesehen, welche letztendlich zum Vermeidungsverhalten führt. Unter dieser wird sowohl die Angst vor agoraphobischen Situationen verstanden, in welchen Panikanfälle auftreten könnten wie auch die Angst vor panikrelevanten körperlichen Symptomen. Zu ersten Panikattacken kommt es vorwiegend nach langwierigen interpersonalen Konflikten. Dabei werden harmlose somatische Symptome (Palpitationen, Schwitzen, Schwindelgefühl usw.) durch interozeptive Konditionierung an die Panikattacke gekoppelt. Diese endogenen Reize werden somit zu Auslösern von Panikattacken und können durch Konditionierung höherer Ordnung wiederum mit externen Situationen (Bahnfahrt, Supermarktbesuch usw.) verbunden werden, was dann zur Agoraphobie führt. Durch operante Konditionierung im Sinne von sekundärem Krankheitsgewinn kann die Symptomatik weiter aufrechterhalten werden, indem das Krankheitsverhalten soziale Verstärkung durch den Partner oder eine andere Bezugsperson erfährt, die darauf mit Verständnis und Rücksicht reagieren.

2.1.5.4. Kognitive Erklärungsmodelle

2.1.5.4.1 Teufelskreismodelle

Clark (1986) postulierte als erster ein rein kognitives Modell der Panikstörung. Externale (z.B. Supermarkt) oder internale (z.B. Palpitationen, Atemlosigkeit) Reize dienen als Auslöser eines Teufelskreises, der zu Panik führt. Diese Reize werden als Bedrohung wahrgenommen, was zu einer milden anfänglichen Angst führt. Diese Angst ist verbunden mit einer Reihe körperlicher Symptome, die als bedrohlich interpretiert werden. Dies führt zu einer Zunahme der Angst, was wiederum die begleitenden körperlichen Symptome intensiviert. Dieser Kreislauf setzt sich fort, bis er in einer Panikattacke kulminiert. Im Zentrum steht dabei die katastrophale Missinterpretation bestimmter, meist angstrelevanter körperlicher Symptome (z.B. Palpitationen, Schwindelgefühle, Atemlosigkeit). So werden Palpitationen wahrgenommen als Anzeichen eines drohenden Herzinfarktes oder Atemlosigkeit als Anzeichen eines drohenden Atemstillstands, der zum Tod führt. Dabei müssen die kognitiven Bewertungsprozesse nicht bewusst sein, sondern können automatisch ablaufen.

Ehlers und Margraf (1989) stellten eine Weiterentwicklung des kognitiven Modells vor. Dieses psychophysiologische Modell beschreibt einen zur Panikattacke führenden Aufschauklungsprozess zwischen körperlichen Symptomen und der daraus resultierenden Angstreaktion, die sich durch positive Rückkopplung gegenseitig verstärken. Voraussetzung dafür ist, dass die jeweiligen körperlichen Symptome subjektiv mit Gefahr assoziiert sind. Dies kann durch klassische Konditionierung, Modelllernen oder einer genetischen Diathese geschehen sein. Die Panikattacke beginnt dabei mit der Wahrnehmung einer physiologischen oder kognitiven Veränderung (z.B. Palpitationen oder Derealisation), die auf verschiedene Ursachen wie körperliche Anstrengung, chemische Substanzen (z.B. Koffein), situationale Stressoren (z.B. Hitze) oder emotionale Reaktionen (z.B. Angst, Ärger, Freude) zurückgehen können. Sind diese wahrgenommenen Veränderungen mit Gefahr assoziiert, so führt dies zu einem Anstieg der subjektiven Angst. Diese führt über positive Rückkopplung zur Intensivierung der physiologischen oder kognitiven Veränderungen, was wiederum die Angst intensiviert. Dieser Teufelskreis kann schließlich in einer Panikattacke kulminieren. Die Angst vor der Angst, also die Sorge, weitere Panikattacken zu bekommen, sowie längerfristige negative situative Einflüsse (z.B. anhaltende schwierige Lebenssituation) sorgen dabei für eine hohe tonische Erregung, womit die Distanz zur Panikschwelle verkürzt wird und der Aufschauklungsprozess schneller zur Panikattacke führt.

2.1.5.4.2 Angstsensitivität

Der Kombination zweier Diathesen wird eine besondere ätiologische Bedeutung zugeschrieben. Es wird vermutet, dass Panikpatienten über ein zu übermäßiger Aktivität prädisponiertes autonomes Nervensystem verfügen und die psychische Neigung aufweisen, auf körperliche Empfindungen mit starker Besorgnis zu reagieren (Barlow, 1988). Wenn die Angst vor körperlichen Symptomen tatsächlich eine auslösende Rolle für Panikattacken spielen sollte, dann sollte ihre Aktivierung zu einer Zunahme von Panik führen. In diesem Zusammenhang konnten Telch und Harrington (2000) zeigen, dass Probanden mit hohen Testwerten im Angst-Sensitivitäts-Index (ASI, Peterson & Reiss, 1987) bei Fehlinformation über die Wirkung von CO_2-angereicherter Luft („wirkt entspannend") mit erhöhter Wahrscheinlichkeit eine Panikattacke erlitten, als wenn korrekte Information („bewirkt starke körperliche Erregung") über die Wirkung vorlag. Bei Kontrollprobanden mit niedrigen ASI-Werten bestand dieser Unterschied nicht. Durch Fehlinformation entstand somit eine unerklärliche körperliche Erregung, die aufgrund der Angst vor solchen Empfindungen zu einer Panikattacke führte. Als weiterer Beleg kann folgende Untersuchung gewertet werden, die zeigt, dass die subjektive Wahrnehmung wichtiger ist als objektive Veränderungen körperlicher Parameter. Die falsche Rückmeldung des Anstiegs der Herzfrequenz führte bei Panikpatienten, nicht jedoch bei Kontrollpersonen, zu einem Anstieg subjektiver Angst und physiologischer Erregung. Dabei wurde den Probanden über Lautsprecher zunächst der eigene Pulsschlag korrekt zurückgemeldet, dann wurde dieser künstlich um 50 Schläge pro Minute erhöht, so dass der Eindruck von Herzrasen entstand (Ehlers et al., 1988). Diese Angst vor körperlichen Symptomen wird möglicherweise durch Modelllernen erworben. So konnte Schneider (1995) zeigen, dass die Familienmitglieder von Panikpatienten, nicht aber von anderen Angstpatienten oder Kontrollprobanden, häufiger unter chronischen Krankheiten oder unter körperlichen Angstsymptomen gelitten haben. Die Beobachtung von Bezugspersonen bei ihrem Umgang mit Beschwerden (z.B. einer Mutter, die wegen Schwindel viel im Bett lag) kann bei Panikpatienten zur Überzeugung führen, dass diese Symptome gefährlich sind und dass man sich schonen sollte, wenn diese auftreten. Interessanterweise scheinen Panikpatienten eine bessere Interozeptionsfähigkeit zu besitzen als Kontrollpersonen. So konnten Ehlers und Breuer (1992) zeigen, dass

Panikpatienten bei der Einschätzung ihrer Herzschläge wesentlich akurater waren als Kontrollprobanden. Außerdem korrelierte die Fähigkeit, die Herzrate präziser einzuschätzen mit der Wahrscheinlichkeit eines Rückfalles bei Panikpatienten in Remission innerhalb einer einjährigen Katamnese (Ehlers, 1993).

2.1.5.4.3 Kognitive Schemata

Nach dem kognitive Ansatz von Beck, Emery und Greenberg (1985) werden Panikstörungen durch inadäquate kognitive Schemata (z.b. „Meine Sicherheit hängt davon ab, dass ich stets alle Gefahren vorhersehe und mich darauf einstelle") verursacht sowie aufrechterhalten. Diese kognitiven Schemata sind in der Kindheit erworben, stimmungskongruent salient und führen in Angstsituationen zu negativen automatischen Gedanken bezüglich körperlicher Symptome (z.b. bei Herzrasen: „Ich bekomme einen Herzinfarkt"), die dann die Panikattacke auslösen. Fehlattributionen sorgen dafür, dass die Patienten Angstreaktionen auf mangelhafte Kontrolle über äußere und innere Reize zurückführen, weshalb sie bei einer Bezugsperson oder in einer sicheren Umgebung Zuflucht suchen. Kern der Angst liegt darin, dass sich die Patienten als besonders verletzlich erleben, wobei ein wichtiger Vulnerabilitätsfaktor für Agoraphobie die latente Angst vor Situationen ist, die für ein Kleinkind tatsächlich gefährlich sind (z.B. enge geschlossene Räume, überfüllte Geschäfte). Korrelative Studien belegen den von Beck postulierten Zusammenhang zwischen kognitiven Verzerrungen und der Panikstörung (Beck, Emery & Greenberg, 1985; Foa, 1988), lassen aber keine Rückschlüsse auf die kausale Beziehung in der Ätiologie zu.

2.1.5.5. Entwicklungspsychologische Erklärungsmodelle

2.1.5.5.1 Bindungsstil

Bowlby (1973) konzipiert in einem ethologisch-evolutionären Rahmen, das Trennungsangst eine adaptive Funktion hat, die vor Gefahr schützt. So wird eine instinktive Disposition des Kleinkinds postuliert, die Nähe und emotionale Verbundenheit zu einer Bezugsperson zu suchen. Die Bindungsmuster der frühen Kindheit werden in verhaltenssteuernde innere Arbeitsmodelle bezüglich Selbstbild und Bezugspersonen gespeichert, die kognitiven wie auch emotionalen Gehalt aufweisen und sowohl bewusst als auch unbewusst ablaufen können. Diese Schemata werden im Laufe der Entwicklung immer weiter ausgearbeitet und scheinen einen Bezug zur Agoraphobie aufzuweisen (Sable, 1994). So entwickelt sich nach Bowlby (1973) ein ängstlicher Bindungsstil, wenn keine Sicherheitsbasis besteht, von welcher sich entfernt und die Welt exploriert werden kann, um dann danach wieder sicher zu dieser zurückzukehren. Dabei werden emotionale Schemata verbunden mit interpersonalen Prozessen unsicherer Bindung erworben. Diese regulieren Verhaltensweisen, mit welchen Zugang zu Bindungspersonen hergestellt werden können. Als solche kann auch die Panikattacke aufgefasst werden, denn diese verstärkt besorgtes Verhalten von Bezugspersonen. Paniksymptome erhalten somit einen hohen sekundären Krankheitsgewinn und können ein Mittel sein, den Partner intensiv an sich zu binden (Liotti, 1991; Sable, 1994). Liotti (1991) konnte in einem Interview mit 31 Agoraphobikern einen ängstlichen Bindungsstil nachweisen, der oft dadurch entstand, dass die Patienten in einem Rollentausch den Betreuer für einen Elternteil (üblicherweise die Mutter) spielen mussten. Dies wurde verstärkt, indem den Kindern die eigene Unzulänglichkeit suggeriert und die äußere Welt als bedrohlich dargestellt wurde.

2.1.5.5.2 Adoleszenz

Nach Marks (1970) beginnen agoraphobische Symptome im Gegensatz zu anderen Phobien im Regelfall nicht vor der Adoleszenz. Dieser Lebensabschnitt ist insbesondere problematisch für Individuen, welche an starken Zweifeln bezüglich ihrer Kapazitäten, ein selbstständiges Leben zu führen, leiden. Somit entsteht ein Konflikt zwischen dem normalen Wunsch der Individuation und dem Verlangen nach einer familiären, vorhersehbaren Umgebung. Oft beginnt hier der erste Ausbruch agoraphobischer Symptome. Alternativ dazu kann diese Krise auch durch die Suche eines Ersatzes der elterlichen Fürsorge in einem Partner aufgeschoben werden. Hier setzt die Agoraphobie oft nach einem sich in mehreren Jahren schlechter Ehe aufgestauten Konflikt ein, der einhergeht mit der Ambiguität zwischen dem Impuls, den Partner zu verlassen und der Angst, nicht allein überleben zu können (Goldstein & Chambless, 1978). Die Störung kann dabei intensiviert werden durch Schuldgefühle bezüglich einer möglichen Trennung, sei es aufgrund gemeinsamer Kinder oder weil eine Trennung als moralisch verwerflich betrachtet wird.

2.1.6 Empirisch validierte Behandlungsansätze

2.1.6.1 Pharmakologische Behandlungsansätze

Als State of the Art gilt die Behandlung der Panikstörung und Agoraphobie mit selektiven Serotonin-Wiederaufnahmehemmern (SSRIs), wobei die Substanzen Paroxetin, Fluoxetin und Fluvoxamin am besten untersucht sind (Möller, Laux & Kapfhammer, 2003). Diese zeigen die geringsten Nebenwirkungen und sind vergleichbar effektiv wie andere pharmakologische Behandlungsmethoden, sind aber aufgrund der hohen Entwicklungskosten auch wesentlich teurer. Die SSRIs verhindern die Wiederaufnahme des Neurotransmitters Serotonin in die Präsynapse, indem sie den dafür verantwortlichen Rezeptor blockieren, wodurch das Serotonin länger im synaptischen Spalt verweilt (Schmitz & Dorow, 1996). Es wird vermutet, dass dadurch die Neurotransmission in den von den Raphékernen ausgehenden serotonergen Bahnen verbessert wird, welche die für Panikattacken relevanten Areale im Gehirn inhibieren. Interessanterweise setzt diese Rezeptorblockade sofort ein, während die anxiolytische Wirkung sich erst nach 2-6 Wochen zeigt. Somit wird vermutet, dass diese nicht direkt durch die Wiederaufnahmehemmung, sondern durch sekundäre Adaptationsprozesse der Rezeptoren verursacht wird (Fröstl, Hautzinger & Roth, 2006).

Für die Behandlung der Panikstörung werden außerdem trizyklische Antidepressiva verwendet. Die Bezeichnung Trizyklika weißt auf die Drei-Ring-Struktur dieser Antidepressiva hin, welche die Wiederaufnahme von Noradrenalin und Serotonin in die präsynaptische Nervenendigung verhindern. In Deutschland wird vor allem Imipramin (Tofranil® und Pryleugan®) eingesetzt, da seine Wirksamkeit für die Panikstörung am besten nachgewiesen ist (Morschitzky, 1998). Problem der Trizyklika sind die anticholinergen, sedierenden und kardiotoxischen Nebenwirkungen wie Hypotonie, Herzrasen, Gewichtszunahme, Verstopfung usw. (Cunningham et al., 1994).

Eine weitere Substanzgruppe zur Behandlung der Panikstörung sind die Benzodiazepine. Diese $GABA_A$-Rezeptoragonisten wirken inhibitorisch, da sie zu einem Chloridionen-Einstrom ins postsynaptische Neuron führen und so eine Hyperpolarisation bewirken. Somit verstärken sie den Effekt der γ- Aminobuttersäure (GABA), dem wichtigsten inhibitorischen Neurotransmitter (Kolb & Wishaw, 2001). Aufgrund geringerer Nebenwirkungen gegenüber anderen Benzodiazepinen ist Alprazolam (Xanax® und Tafil®) der am häufigsten verschriebene Wirkstoff dieser Substanzklasse bei der Panikstörung (Morschitzky, 1998). In der Cross-National Collaborative Panic Study (1992) konnte gezeigt werden, dass Alprazolam signifikant besser wirkte als Imipramin und zudem weniger Nebenwirkungen aufwies. Allerdings besteht ein starkes Abhängigkeitspotential und ein Absetzen nach längerfristiger Einnahme (> 24 Wochen) kann zu einer Intensivierung der Paniksymptome sowie weiteren Entzugserscheinungen (Insomnie, Tachykardie, Schwindelgefühle usw.) führen (Fyer et al., 1987). Deshalb ist laut Bundesinstitut für Arzneimittel Alprazolam zur Langzeitbehandlung nur dann indiziert, wenn andere Behandlungsansätze nicht wirksam waren bzw. nicht toleriert wurden. Im Gegensatz zu Antidepressiva, die eine Wirklatenz von 4-5 Wochen aufweisen, führt Alprazolam schon nach 1-2 Wochen zu einer angstlösenden Wirkung und kann somit für die Akutbehandlung und in der Einstellphase einer Antidepressiva-Therapie sinnvoll sein (Laux, Dietmaier & König, 2001).

Als wesentliches Problem der Pharmakotherapieforschung gilt der Mangel an Katamnesen, wie diverse Meta-Analysen zeigen (Cloos, 2005; Mitte, 2005; Van Balkom et al., 1997). Im Allgemeinen wird allerdings von einer hohen Rückfallquote nach Absetzen der Medikamente ausgegangen.

2.1.6.2 Konfrontationstherapie der Agoraphobie

Als Grundprinzip gilt die Konfrontation mit der angstauslösenden Situation, die sogenannte Exposition. Deren Effektivität ist für Agoraphobie allgemein anerkannt. So zeigt Grawe (1994) in seinem Überblick über die Therapieforschung, dass die Wirksamkeit in verschiedenen Therapiestudien mit Katamnesen von bis zu neun Jahren nachgewiesen wurde. Nach Marks (1987) stellt die Konfrontationstherapie bei Angststörungen eine der am besten dokumentierten Erfolgsgeschichten im Bereich der psychischen Gesundheit dar. Man unterscheidet die Exposition in sensu, bei der eine Konfrontation mit den phobischen Reizen in der Vorstellung stattfindet und die Exposition in vivo, bei der eine direkte Konfrontation mit dem gemiedenen Reiz sattfindet. Dabei gilt die Exposition in vivo als Methode der Wahl (Schneider & Margraf, 1998). Der Patient wird gebeten, die angstauslösende Situation aufzusuchen und in ihr zu verweilen, bis die Angst abnimmt. Hierbei sind verschiedene Vorgehensweisen möglich. Bei der systematischen Desensibilisierung in vivo wird sich im entspannten Zustand schrittweise an die phobischen Situationen angenähert (Wolpe, 1958; Barlow & Waddell, 1985). Entspannungsübungen vor und während der Exposition sind allerdings als Vermeidungsverhalten kritisiert worden (Hand, 1993). In den Katamnesen verschiedener Therapiestudien zeigte sich außerdem, dass die Reizüberflutung (Flooding) zumindest bei schweren Phobien der sukszessiven Approximation langfristig überlegen ist (Fiegenbaum, 1988). Bei der Reizüberflutung (Marks, 1993) wird der Patient der angstauslösenden Situation gleich in voller Stärke ausgesetzt. Anstatt Entspannungsverfahren anzuwenden, findet während der Exposition eine bewusste Angst- und Panikprovokation statt (Morschitzky, 1998). Durch mehrere Stunden Konfrontation täglich an mehreren aufeinanderfolgenden Tagen (massierte Übung) werden die schnellsten und stabilsten Erfolge erzielt. Dabei wird die therapeutische Unterstützung so bald wie möglich ausgeschlichen, damit der Patient lernt, sich den phobischen Reizen allein auszusetzen. Vor der ersten Exposition wird anhand der Anamnese ein Erklärungsmodell für die Angstproblematik entwickelt, welches sich aus der um die Sicherheitssignalhypothese erweiterten Zwei-Faktoren-Theorie der Angst herleitet (Margraf & Schneider, 1990). Sicherheitssignale stellen angstreduzierende Objekte (z.B. Kaugummis, Zigarette, Handy) dar, die als Vermeidung gewertet werden. Nach den Expositionen werden die Patienten für die Durchführung der Konfrontationsübungen (nicht aber für Angstfreiheit) verstärkt und zur Selbstverstärkung angehalten (Agras, Leitenberg & Barlow, 1968). Kontraindikation für die Reizüberflutung besteht bei real gefährlichen phobischen Situationen (z.b. Autofahren, Bergsteigen), bei Komorbidität mit einer körperlichen Erkrankung, die die Belastbarkeit nennenswert einschränkt (z.b. Herz-Kreislauferkrankungen, Asthma) oder bei Konfrontation mit Leistungssituationen (Schneider & Margraf, 1998).

2.1.6.3 Kognitive Verhaltenstherapie bei Panikattacken

Lange Zeit beschäftigte sich die Therapieforschung fast ausschließlich mit dem agoraphobischen Vermeidungsverhalten. Erst seit ca. 20 Jahren besteht vermehrtes Interesse an der Behandlung von Panikattacken, wobei hierbei große Erfolge erzielt wurden. Die meisten Ansätze kombinieren die Konfrontation mit internen Reizen mit der Vermittlung von Strategien zur Bewältigung von Angst vor körperlichen Symptomen und kognitiver Umstrukturierung der Interpretation panikrelevanter körperlicher Symptome (Margraf & Schneider, 1990). Dabei spielt die Psychoedukation im Sinne einer Vermittlung eines Erklärungsmodells für Panikattacken eine zentrale Rolle, da diese zur Wirksamkeit und Akzeptanz der therapeutischen Maßnahmen, zu einer Generalisierung des Therapieerfolgs und zur Prophylaxe von Rückfällen beiträgt (Reinecker, 1987). Hierfür lassen sich das oben beschriebene kognitive Modell von Clark (1985) sowie dessen Weiterentwicklung von Ehlers und Margraf (1989) verwenden, in welchen Panikattacken als Resultat eines Teufelskreises aus körperlichen Symptomen, Kognitionen und Angst verstanden werden.

Die Panikkontrolltherapie (Barlow, 1988) kann als einer der bedeutsamsten Behandlungsansätze gewertet werden. Zunächst wird ermittelt, welche Symptome jeweils die Panikattacke auslösen. Wird diese durch Hyperventilation verursacht, so lernt der Patient, Paniksymptome durch schnelle Brustkorbatmung selbst zu induzieren. Beginnt diese mit Palpitationen, so löst dieser durch eine schnelle Abfolge von Kniebeugen Paniksymptome aus. So erfährt er diese Paniksymptome in sicherer Umgebung und lernt dabei die vorher erworbenen Coping- und Entspannungstechnicken einzusetzen. Außerdem werden durch kognitive Umstrukturierung neue Interpretationsmöglichkeiten für die panikrelevanten körperlichen Symptome gewonnen. In einer groß angelegten Multicenter-Studie konnte Barlow (1999) zeigen, dass die Panikkontrolltherapie sowohl bei Therapieende als auch nach einer 15 monatigen Katamnese der Behandlung mit Imipramin überlegen war und dass eine Kombinationsbehandlung keine zusätzlichen Effekte erbrachte.

Lewis (1959) konnte zeigen, dass Hyperventilation nicht möglich ist, wenn die Patienten durch die Nase atmen. Nach Wolpe und Rowan (1988) ist Hyperventilation einer der wichtigsten Auslöser von Panikattacken. Im ersten Schritt ihres zweistufigen Programms sollen die Patienten exzessiv hyperventilieren, damit ihnen der Zusammenhang zwischen Panik und Hyperventilation vermittelt wird. Im zweiten Schritt sollen sie lernen, bei begin-nender Hyperventilation durch die Nase zu atmen. Dadurch kann die Entstehung einer Panik-attacke aufgehalten werden. Allerdings kann diese Intervention als Vermeidungsstrategie be-trachtet werden, sinnvoller ist aber an einer Löschung der Angstreaktion zu arbeiten. Zur Erweiterung des Ansatzes schlagen die Autoren vor, Panikpatienten kohlendioxidangereicherte Luft durch eine offene Maske einatmen lassen, was zu Hyperventilation führt. Durch systematische Desensibilisierung in vivo wird die Intensität der Exposition schrittweise erhöht, bis der Patient maximale Symptome der Angst erlebt und habituiert (Wolpe, 1987). Alternativ kann dieser Ansatz auch im Flooding-Paradigma angewendet werden (Griez & van den Hout, 1983). Zudem sollen durch kognitive Umstrukturierung die durch die Angst verzerrten Gedanken neu organisiert werden.

2.1.6.4 Kombinationsbehandlung

Die Kombinationsbehandlung von Panikstörung und Agoraphobie, bei welcher sowohl psychotherapeutische als auch pharmakologische Interventionsmethoden angewendet werden, ist in den letzten Jahren zur gängigen Praxis geworden. Es besteht zwar fundamentale theoretische Kritik durch eine Gruppe von Verhaltenstherapeuten (z.B. Hand, 1993). Diese vermuten eine Reduktion der Expositionseffekte bei gleichzeitiger medikamentöser Angstlösung, da diese äquivalent zu Sicherheitssignalen wirke. Außerdem führe eine Kombinationsbehandlung zur Attribution der Therapieerfolge auf das Medikament und nicht auf sich selbst. Eine Reihe empirischer Befunde widerspricht allerdings diesen Annahmen. So konnten Furukawa, Wa-tanbe und Churchill (2006) in einer Meta-Analyse zeigen, dass eine Kombinationsbehandlung nach Therapieabschluss sowohl Psychotherapie als auch Pharmakotherapie alleine überlegen war. In den Katamnesen war die Kombinationsbehandlung der Pharmakotherapie weiterhin überlegen und unterschied sich nicht signifikant von Psychotherapie. In der Meta-Analyse von Mitte (2005) zeigte sich keine Überlegenheit einer Kombinationsbehandlung gegenüber kognitiver Verhaltenstherapie. Cloos (2005) ermittelte in einem aktuellen Forschungsüber-blick über alle zwischen 2003 und 2004 zur Panikstörung publizierten Studien, dass kognitive Verhaltenstherapie, alleine oder in einer Kombinationsbehandlung, als Methode der Wahl angesehen werden kann.

2.1.6.5 Stationäre Psychotherapie an der Klinik Roseneck

An der psychosomatischen Klinik Roseneck wird nach einem integrativen kognitiv-verhaltenstherapeutischem Behandlungskonzept gearbeitet. In der Einzeltherapie finden bei einem Bezugstherapeuten die Diagnostik sowie die Erarbeitung individueller Therapieziele und Behandlungsschritte statt. Diese werden anschließend in verschiedenen Interventionen umgesetzt, die von der Einzeltherapie koordiniert und in dieser nachbesprochen werden. Dabei spielt die Gruppentherapie eine zentrale Rolle. In den Indikativgruppen werden störungsspezifische Probleme behandelt. In der Allgemeinen Gruppe besprechen alle Patienten eines Bezugstherapeuten unter dessen Leitung individuelle Probleme. Außerdem können in einem Gruppentraining Sozialer Kompetenz (GSK) die Fähigkeit zum Äußern eigener Bedürfnisse und das soziales Geschick trainiert werden. Dabei werden die Patienten von einem Ärzteteam allgemeinärztlich betreut sowie störungsspezifisch medikamentös behandelt. Zudem stehen den Patienten bei Bedarf verschiedene Entspannungsmethoden (z.B. progressive Muskelrelaxation nach Jacobsen, Autogenes Training), Biofeedback, Bewegungstherapie, Gestaltungstherapie, Sozialtherapie und physikalische Therapie zur Verfügung.

Die Inhalte der Therapie von Panikstörung und Agoraphobie wurde Großteils aus den oben beschriebenen Theorien abgeleitet. So wird in den acht 90-minütigen Sitzungen der Indikativgruppe „Angstbewältigungstraining" (ABT) von Rief (1993) zunächst Psychoedukation bezüglich der Panikattacken nach dem kognitiven und dem psychophysiologischem Modell (Clark, 1986; Ehlers und Margraf, 1989) durchgeführt. Im Sinne der Panikkontrolltherapie (Barlow, 1988) findet durch die Hyperventilationsübung und Kniebeugen die Konfrontation mit internen auslösenden Reizen statt. In den beiden Expositionstagen werden nach dem Reizüberflutungsparadigma (Marks, 1993) außerhalb der Klinik Konfrontationen mit einer Vielzahl agoraphobischer Situationen durchgeführt, wobei zuvor die Probleme von Vermeidungsverhalten und Sicherheitssignalen umfassend thematisiert werden. Die abschließende Sitzung nach den Expositionen dient der kognitiven Umstrukturierung von Katastrophengedanken.

2.2 Das Transtheoretische Modell der Verhaltensänderung

2.2.1 Die Veränderungsstufen

Das Transtheoretische Modell (TTM) von Prochaska und DiClemente (1982) ist ein Modell intentionaler Verhaltensänderung und wurde aus Ergebnissen der vergleichenden Psychotherapieforschung entwickelt. Verhaltensänderung wird als stufenförmiger Prozess beschrieben, wobei jede der Veränderungsstufen („stages of change ") spezielle Herausforderungen an den Patienten stellt, bevor er in die nächste Stufe wechseln kann. In der Stufe der Sorglosigkeit („precontemplation") besteht keine Veränderungsintention bezüglich des Problemverhaltens. Oft mangelt es an Problembewusstsein. Beginnen die Betroffenen, sich mit ihrem Problemverhalten und möglichen Veränderungsmaßnahmen auseinander zu setzen, wechseln sie in die Stufe des Bewusstwerdens („contemplation"). In der Stufe der Vorbereitung („preparation") besteht eine konkrete Handlungsintention und es wird erstes Veränderungsverhalten gezeigt. In der Stufe der Handlung („action") zeigen die Betroffenen aktive Problemlöseversuche. Die Konsolidierung des Zielverhaltens sowie Rückfallprophylaxe finden in der Stufe der Aufrechterhaltung („maintenance") statt. Haben die Patienten ihr Problemverhalten ganz aufgegeben, ist die Stufe der Stabilität („termination") erreicht. Nach Velicer (2000) stehen in den ersten drei Stufen Intentionen im Vordergrund. Die Vorbereitungsstufe enthält allerdings schon erstes Problemlöseverhalten. Auf den Stufen vier bis sechs stehen behaviorale Elemente im Vordergrund. (Eine detailliertere Beschreibung der Stufen speziell für Panikstörung und Agoraphobie findet sich in Abschnitt 2.2.5)

Die Stufen werden nur selten linear durchlaufen. In der Regel fallen die Betroffenen mehrfach auf frühere Stufen zurück, was allgemein als Regression bezeichnet wird. Eine Regression von der Handlungs- oder Aufrechterhaltungsstufe auf eine frühere Stufe wird als Rückfall definiert, der als integraler Bestandteil des Veränderungsprozesses verstanden wird. So konnten Prochaska und DiClemente (1986) in einer Untersuchung zur Raucherentwöhnung nachweisen, dass nur etwa 15% nach einem Rückfall in die Stufe der Sorglosigkeit regredierten. Der Großteil fiel zurück in die Stufe des Bewusstwerdens oder der Vorbereitung, um von da aus einen neuen Änderungsversuch zu starten. Ein Rückfall bedeutet also weder Resignation noch das Feststecken in einer zirkulären Endlosschleife, sondern kann durch konstruktive Verarbeitung zur Auswahl günstigerer Strategien für die Verhaltensänderung führen. Der Veränderungsprozess kann somit als ein spiralförmiges Geschehen verstanden werden (DiClemente et al., 1991).

2.2.2 Veränderungsstrategien und empirische Bewährung des TTM

Die Veränderungsstrategien („processes of change") stellen das zweite Kernkonstrukt des TTM dar. Sie sind verschiedenen Therapieschulen entnommen und werden in kognitive und verhaltensorientierte Strategien unterteilt, die jeweils stufenspezifisch eingesetzt werden sollten. So sollte für den Übergang von der Stufe der Sorglosigkeit zur Stufe des Bewusstwerdens Strategien zum Steigern des Problembewusstseins eingesetzt werden. Die Gegenkonditionierung ist eine der Strategien, um von der Handlungsstufe in die Stufe der Aufrechterhaltung zu gelangen. Durch Zuordnung zu transtheoretischen Stufen wird somit eine differentielle Indikationsstellung ermöglicht. Dabei sollten in den frühen Stufen eher einsichtsorientierte und in den späteren Stufen eher verhaltensorientierte Strategien angewendet werden. Aufgrund dieser Kombination von Strategien verschiedener Therapieschulen wird das Modell transtheoretisch genannt (Keller, 1999). Das TTM wurde in verschiedenen Bereichen, wie z.B. Rauchen (u.a. Prochaska, DiClemente & Norcross, 1992), Substanzmissbrauch (u.a. Belding et al., 1995), Übergewicht (u.a. Greene et al., 1994), Stressmanagement (u.a. Velicer et al., 1998) und chronischen Schmerzen (Kerns et al., 1997) angewendet und empirisch untermauert.

2.2.3 Dimensionale vs. kategoriale Erfassung

Prochaska und Di Clemente (1982) schlugen ursprünglich vor, die Veränderungsstufen als distinkte Kategorien zu betrachten, die sich in eine Rangreihe (von Sorglosigkeit bis Stabilität) ordnen lassen, wonach jede Person exakt einer spezifischen Stufe zugeordnet werden kann. Allerdings ist aufgrund der zyklischen Darstellung des Modells und der Rückfallproblematik anzunehmen, dass Verhaltensänderung nicht in distinkte Kategorien zu fassen ist (Sutton, 1996). Somit wäre auch ein dimensionales System vorstellbar, in welchem die Veränderungsstufen als sechs Achsen in einem multidimensionalen Raum angeordnet sind, womit Interkorrelationen zwischen den einzelnen Stufen möglich wären. Folglich hätte jede Person zu jedem Zeitpunkt in jeder Veränderungsstufe eine Ausprägung, z.B. einen sehr hohen Wert in Sorglosigkeit und gleichzeitig eine minimale Ausprägung in Aufrechterhaltung (Mauri-schat, 2002; Sutton, 2000). Bei der Konstruktion diverser Fragebögen zum TTM konnte sta-tistisch sowohl für kategoriale als auch für dimensionale Modelle ein ausreichender Fit gezeigt werden (McConnaughy, Prochaska & Velicer, 1983; Greenstein, Franklin & McGuf-fin, 1999). Dies ist auf die Art der jeweils verwendeten statistischen Methode zurückzuführen. So wird bei der Clusteranalyse implizit ein kategoriales und bei der Hauptkomponentenanaly-se ein dimensionales Modell zu Grunde gelegt. Demnach kann je nach Wahl der Methode die Güte der Modellpassung sowohl für ein kategoriales als auch dimensionales

Modell einen ausreichenden Fit erreichen. Die Entscheidung für die Wahl eines Modells kann also nicht auf statistischen Analysemethoden basieren, sondern muss aufgrund plausibler theoretischer Überlegungen gefällt werden. In der hier durchgeführten Studie wurde der Fragebogen zum TTM nach einem dimensionalen Modell konzipiert, da die Annahme einer Überlappung der Stufen als sinnvoll erachtet wurde.

2.2.4 TTM bei chronischen Schmerzen

Zur Integration des TTM mit kognitiv-behavioralen Theorien zu chronischem Schmerz und dessen Bewältigung entwickelten Kerns et al. (1997) den „Pain Stages of Change Questionnaire" (PSOCQ). Für diesen konnten die vier Stufen Sorglosigkeit, Bewusstwerden, Handlung und Aufrechterhaltung faktorenanalytisch nachgewiesen werden. Die Items für Bewusstwerden und Vorbereitung luden auf demselben Faktor und wurden deshalb zu einer Stufe zusammengefasst. Fragen zur Stabilitätsstufe waren nicht in den Itempool aufgenommen worden. Ein Problem war die hohe Interkorrelation der Skalen Handlung und Aufrechterhaltung ($r = .80$). Kerns und Rosenberg (2000) konnten nachweisen, dass die Veränderungsstufen einen guten Prädiktor für den Therapieerfolg bei chronischen Schmerzen darstellen. Außerdem wurden in den USA mit der „Motivational Enhancement Therapy" (Jensen, 1996) bereits erste auf dem TTM aufbauende Interventionen zu chronischen Schmerzen entwickelt.

In Anlehnung an den PSOCQ entwickelten Maurischat, Härter und Bengel (2002) den deutschsprachigen „Freiburger Fragebogen – Stadien der Bewältigung chronischer Schmerzen" (FF-STABS). Dieser erfasst die Bereitschaft chronischer Schmerzpatienten, kognitiv-behaviorale Methoden zur Schmerzbewältigung zu erlernen und wurde in zwei Studien mit insgesamt 512 Patienten mithilfe explorativer und konfirmatorischer Faktorenanalysen entwickelt und bezüglich seiner psychometrischen Eigenschaften überprüft. Aus dem Itempool von 44 Fragen ergab sich eine aus 17 Items bestehende vierfaktorielle Lösung mit den Skalen Sorglosigkeit (fünf Items, $\alpha = .68$), Vorbereitung (vier Items, $\alpha = .71$), Handlung (vier Items, $\alpha = .76$) und Aufrechterhaltung (vier Items, $\alpha = .68$). Dabei waren nur Vorbereitung und Handlung positiv interkorreliert ($r = .25$).

2.2.5 Die sechs Veränderungsstufen für Panikstörung und Agoraphobie

Sorglosigkeit: Patienten auf dieser Stufe betrachten ihre Panikattacken als ein rein medizinisches Problem und übertragen die Verantwortung für die Behandlung ausschließlich ihrem Arzt. Es besteht keine Intention zur Veränderung ihres Problemverhaltens in absehbarer Zeit (den nächsten sechs Monaten). Gründe dafür sind der Mangel an relevanten Informationen, ein fehlendes Problembewusstsein und/oder Resignation nach mehreren erfolglosen Veränderungsversuchen. Dabei werden Informationen bzgl. des Problemverhaltens ausgeblendet und eine bewusste Auseinandersetzung mit dem Thema vermieden, was sich als Widerstand in der Therapie äußert (Prochaska, DiClemente & Norcross, 1992). Allgemein gelangen die Be-troffenen ohne aktive Intervention selten in die nächste Stufe. So konnten Prochaska et al. (1991) zeigen, dass von mehr als 200 Rauchern in der Sorglosigkeitsstufe zwei Drittel diese Stufe innerhalb von zwei Jahren nicht verlassen hatten. Die Sorglosigkeit gilt als die stabilste aller Stufen.

Bewusstwerden: Die Patienten beginnen, sich mit ihren Panikattacken auseinanderzusetzen, ohne dass jedoch schon konkrete Maßnahmen zur Veränderung eingeleitet werden. Vorherrschendes kognitives Merkmal dieser Stufe ist Ambivalenz. Die Betroffenen wiegen die Vor- und Nachteile der Verhaltensänderung gegeneinander auf und können sich noch nicht zu konkreten Maßnahmen entschließen, planen aber, das Problemveralten in absehbarer Zeit (den nächsten sechs Monaten) anzugehen. Auch diese Stufe weißt ein hohes Maß an zeitlicher Stabilität auf, wie Prochaska und DiClemente (1982) an einer Stichproben von Rauchern empirisch nachweisen konnten.

Vorbereitung: Die Patienten haben sich umfassend über Panikattacken und Interventionen informiert und bereits konkrete Handlungspläne aufgestellt. Typischerweise haben sie auch schon erste Schritte in Richtung einer Verhaltensänderung unternommen, jedoch ohne das erwünschte Zielverhalten zu erreichen. Die Stufe wird als Durchgangsstufe betrachtet, da sie sich auf einen eng begrenzten Zeitraum bezieht (meist ca. 30 Tage).

Handlung: Die Patienten setzen seit kurzem (weniger als sechs Monate) Angstbewältigungsstrategien ein und sind bereit, Veränderungen im eigenen Erleben (z.B. durch kognitive Umstrukturierung) und in den Umweltbedingungen (z.B. Stressreduktion, Exposition) vorzunehmen. Dabei folgt eine Einstufung in die Handlungsphase, wenn das Zielkriterium (z.B. Angstreduktion durch Exposition) bereits erreicht wurde, sich aber noch nicht fest im Verhaltensrepertoire etabliert hat. Im Gegensatz zu den vorhergehenden Stufen stehen hier direkt beobachtbare Verhaltensweisen im Vordergrund, womit die Handlungsstufe die aktivste Phase im Prozess der Verhaltensänderung darstellt und das größte Risiko für Rückfälle in frühere Stufen aufweist.

Aufrechterhaltung: Hier findet die Konsolidierung des Zielverhaltens durch weitere Anwendung der erworbenen Strategien zur Angstbewältigung und durch aktive Maßnahmen zur Rückfallprophylaxe statt. Dabei gilt diese Stufe als erreicht, wenn das Zielverhalten für mehr als sechs Monate aufrechterhalten werden konnte. Dieser Zeitraum ist auf Grundlage von Erfahrungen in der Raucherentwöhnung gewählt worden und hat sich auch für andere Bereiche bewährt (Keller, 1999). Diese Phase kann die gesamte restliche Lebensspanne umfassen, da es immer wieder zu einer Konfrontation mit potentiellen Rückfallsituationen kommen kann.

Stabilität: Die Patienten sind absolut sicher, die Panikattacken fest im Griff zu haben. Das neue Verhalten ist fester Bestandteil des Alltags geworden. Die Annahme dieser Stufe gilt als umstritten, ist aber aufgrund verschiedener Beobachtungen als sinnvoll erachtet worden. So zeigte das U.S. Department of Health and Human Services (USDHHS, 1990), dass diese Stufe z.B. im Bereich der Raucherentwöhnung Sinn macht. Nach zwölfmonatiger Abstinenz, also in der Stufe der Aufrechterhaltung, erleiden 37% der Patienten einen Rückfall. Nach fünfjähriger Abstinenz erleiden nur noch 7% einen Rückfall, was darauf hindeutet, dass der Konsolidierungsprozess innerhalb der Aufrechterhaltungsstufe weiter voranschreitet, bis es schließlich zu einer Stabilisierung des Zielverhaltens kommt. Für andere Verhaltensbereiche wurde diese Unterscheidung in Aufrechterhaltung und Stabilität allerdings noch nicht empirisch untersucht (Keller, 1999).

3 Untersuchungsanliegen und Fragestellung

Hauptanliegen dieser Studie war, einen Fragebogen zu den Veränderungsstufen für den Bereich Panikstörung und Agoraphobie zu konstruieren sowie den Zusammenhang der Ausprägungen in den jeweiligen Stufen zum Therapieerfolg bei kognitiver Verhaltenstherapie zu ermitteln. Dazu wurde der Itempool von Maurischat (2002) zu den Veränderungsstufen bei chronischen Schmerzen übertragen auf den Bereich Panikstörung und Agoraphobie. Es sollte die faktorielle Struktur hinter dem Itempool ermittelt werden und eine mögliche Passung zu den sechs Veränderungsstufen gezeigt werden. Dabei wurde von einem dimensionalen Ansatz ausgegangen, der Interkorrelation zwischen den einzelnen Stufen erlaubt. Es schien sinnvoll, die Stufen gemäß der Einteilung von Velicer (2000) in intentionale und behaviorale Stufen zu untergliedern. Deshalb wurde der Itempool gesplittet in Items, die potentiell die ersten drei (intentionalen) Veränderungsstufen erfassen und Items, die die (behavioralen) Stufen vier bis sechs ermitteln sollten.

Die Patienten erhielten bei Anmeldung (t_0) und Aufnahme (t_1) zur Therapie Fragen zu den intentionalen Stufen und bei Therapieende (t_2) und in der Katamnese sechs Monate nach Therapieende (t_3) Fragen zu den behavioralen Stufen. Da zu t_1 und t_2 die Stichprobe am größten war, wurden für diese Zeitpunkte die Berechnungen der explorativen und konfirmatorischen Faktorenanalysen an zwei randomisierten Substichproben durchgeführt. Für t_1 wurde eine dreifaktorielle Lösung erwartet, die den Stufen Sorglosigkeit, Bewusstwerden und Vorbereitung entspricht. Für t_2 wurde eine dreifaktorielle Lösung erwartet, die den Stufen Handlung, Aufrechterhaltung und Stabilität entspricht.

Wenn Verhaltensänderung bei Panikstörung und Agoraphobie tatsächlich einem stufenförmigen Prozess entspricht und dieser angemessen durch das TTM repräsentiert werden kann, dann sollten die Ausprägungen und Veränderungen auf den einzelnen Stufen Prädiktoren für den Therapieerfolg darstellen. Somit sollten eine geringere Ausprägung auf der Stufe Sorglosigkeit und höhere Ausprägungen auf den Stufen Bewusstwerden und Vorbereitung zu t_1 geringere Angstwerte zu t_3 vorhersagen. Weiter wurde vermutet, dass eine Abnahme der Ausprägung von Sorglosigkeit und eine Zunahme der Ausprägungen von Bewusstwerden und Vorbereitung zwischen t_0 und t_1 zu geringeren Angstwerten zu t_3 führen sollten. Höhere Ausprägungen der Stufen Handlung, Aufrechterhaltung und Stabilität zu t_2 sollten geringere Angstwerte zu t_3 prognostizieren. Außerdem wurde angenommen, dass eine Zunahme der Ausprägungen von Aufrechterhaltung und Stabilität zwischen t_2 und t_3 zu geringeren Angstwerten zu t_3 führen sollte.

4 Methode

4.1 Untersuchungsstichprobe

4.1.1 Soziodemographische Angaben

Insgesamt nahmen 193 Patienten an der Untersuchung teil. Davon waren 67.4% (N=130) weiblichen und 32.6% (N=63) männlichen Geschlechts. Das durchschnittliche Alter der Patienten betrug 40.86 Jahre (SD = 11.47). Von den Untersuchungsteilnehmern lebten 9.8% im Haushalt der Eltern, 22.3% allein im eigenen Haushalt, 62.7% in einem gemeinsamen Haushalt mit dem Partner / der Familie, 2.1% in einer Wohngemeinschaft und 3.1% gaben an, in einer anderen Haushaltsform zu leben. 5.2% hatten kurzfristig keinen Partner, 25.1% hatten langfristig keinen Partner, 0.5% hatten häufig wechselnde Partner (mehr als drei in den letzten zwölf Monaten), 23.0% hatten einen festen Partner und 46.1% waren verheiratet. 47.1% waren kinderlos, die restlichen Patienten hatten zwischen einem und fünf Kindern. 29.2% hatten einen Hauptschulabschluss, 28.1% einen Realschulabschluss, 39.6% Abitur, 1% ging noch zur Schule, 1.6% hatten keinen Schulabschluss und 0.5% eine andere Art des Schulabschlusses. 58.8% hatten eine abgeschlossene Lehre, 20.1% ein abgeschlossenes Studium, 7.4% waren noch in der Ausbildung/Studium, 11.6% hatten keinen beruflichen Abschluss und 2.1% gaben an, eine andere Form des Abschlusses zu haben. 46.6% arbeiteten vollzeit, 14.1% arbeiteten teilzeit, 10.5% waren Hausfrauen/-männer oder mithelfende Familienangehörige, 7.8% waren berentet, 5.8% waren in der Ausbildung, 7.9% waren arbeitslos gemeldet und 7.3% gingen einer anderen Form der Tätigkeit nach.

4.1.2 Klinische Beschreibung

Haupteinschlusskriterien waren die Diagnosen Panikstörung (F41.00), Agoraphobie ohne Panikstörung (F40.00) oder Agoraphobie mit Panikstörung (F40.01). Ausschlusskriterien waren komorbide psychotische oder dementielle Erkrankungen sowie Substanzabhängigkeit /missbrauch. Andere komorbide Störungen waren erlaubt, jedoch musste die Diagnose einer der genannten Angststörungen im Vordergrund stehen. Die Diagnosen basierten auf den Internationalen Diagnose-Checklisten für ICD-10 (IDCL; Hiller et al., 1995; siehe Anhang A). Tabelle 1 gibt einen Überblick über die Häufigkeiten der Hauptdiagnosen sowie der komoribiden Störungen.

Tabelle 1. Verteilung der Diagnosen in der Untersuchungsstichprobe zum Zeitpunkt der stationären Aufnahme (N=193)

Hauptdiagnosen	Prozent (Häufigkeit)
Panikstörung (F41.00)	31.7% (N=61)
Agoraphobie ohne Panikstörung (F40.00)	8.6% (N=17)
Agoraphobie mit Panikstörung (F40.01)	59.7% (N=115)

komorbide Störungen	
rezidivierende depressive Störung (F33)	35.1% (N=70)
depressive Episode (F32)	27.1% (N=54)
Anpassungsstörungen (F45)	21% (N=43)
somatoforme Störung (F45)	21% (N=43)
Essstörungen (F44)	18.1% (N=27)
sonstige Angststörungen (F40.2, F41.1, F41.2)	15% (N=34)
soziale Phobie (F40.1)	8.5% (N=13)
Persönlichkeitsstörungen (F60)	8% (N=16)
Zwangsstörung (F42)	6% (N=12)
anhaltende affektive Störungen (F34)	3% (N=5)
dissoziative Störungen (F44)	1.5% (N=3)
nicht-organische Schlafstörungen (F51)	1.5% (N=3)
sexuelle Funktionsstörungen (F52)	0.5% (N=1)

4.2 Interventionen

Während ihres ca. 50tägigen stationären Aufenthalts in der Klinik Roseneck nahmen alle Teilnehmer der vorliegenden Studie an der Indikativgruppe „Angstbewältigungstraining" (ABT; Rief, 1993) teil. Dabei handelt es sich um eine manualisiertes, kognitiv-behaviorales Gruppentherapieprogramm (siehe Abschnitt 2.1.6.5). Zusätzlich zu diesem zentralen Element der Therapie von Panikstörung und Agoraphobie erhielten die Patienten wöchentliche Einzeltherapiesitzungen, um individuelle Probleme zu besprechen und um weitere Expositionen zu planen. Außerdem nahmen sie an einer Allgemeinen Gruppe teil, in der alle Patienten eines jeweiligen Bezugstherapeuten spezifische Anliegen in der Gruppe zu lösen versuchten. Wenn komorbide Störungen bestanden, fand zudem eine Teilnahme an den jeweils dafür ausgerichteten Indikativgruppen statt. Bei Bedarf konnten auch die weiteren Therapieangebote Gruppentraining Sozialer Kompetenz, Biofeedback, autogenes Training, progressive Muskelrelaxation nach Jacobsen, Bewegungstherapie, Gestaltungstherapie, Sozialtherapie und physikalische Therapie in Anspruch genommen werden.

4.3 Untersuchungsablauf

Die Patienten erhielten zu vier Messzeitpunkten während der Therapiestudie die Fragebögen bezüglich der Angstsymptomatik und den Itempool zum Transtheoretischen Modell (TTM). Im Einzelnen war das zum Zeitpunkt der Anmeldung (t_0), zum Zeitpunkt der Aufnahme (t_1), bei Therapieende (t_2) und nach einer sechs monatigen Katamnese (t_3). Dabei wurde den Patienten zum Zeitpunkt der Anmeldung für eine stationäre Psychotherapie an der Klinik Roseneck das Fragebogenmaterial mit der Bitte um freiwillige Bearbeitung (siehe Anhang B) zugesandt. Hiermit sollte die Symptomatik in ihrem ausgeprägtesten Stadium erfasst werden. Zum Zeitpunkt der stationären Aufnahme wurde ein umfassender Diagnosen-Check (IDCL, Hiller et a. 1995, siehe Anhang A) durchgeführt und eine Einverständniserklärung zur Teilnahme an der Studie vorgelegt (siehe Anhang C). Für einige der zu t_0 befragten Patienten wurden die Einweisungsdiagnosen Panikstörung und/oder Agoraphobie nicht bestätigt. Sie wurden von der Studie ausgeschlossen. Weiter wurden zu t_1 Patienten mit Panikstörung und/oder Agoraphobie identifiziert, die von den einweisenden Ärzten oder Psychologen unerkannt blieben. Sie wurden zusätzlich in die Untersuchung aufgenommen. Am Ende der Therapie sollten die Patienten nochmals alle Fragebögen ausfüllen. Um die Stabilität des Therapieerfolgs zu überprüfen, bekamen die Patienten sechs Monate nach Therapieende das Untersuchungsmaterial mit der Bitte um eine letzte Bearbeitung (siehe Anhang D) zugesandt. Insgesamt wurden zu t_0 71 Patienten und zu t_1 193 Patienten befragt. Von diesen lagen zu t_2 bei 177 und zu t_3 bei 127 Personen Daten vor.

4.4 Messinstrumente

Als Fragebogenmaße zur Erfassung der Angstsymptomatik diente zum einen das Beck Angst -Inventar (BAI) und zum anderen der Fragebogen zu körperbezogenen Ängsten, Kognitionen und Vermeidung (AKV). Der AKV setzt sich aus den deutschen Versionen des Body Sensations Quesionnaire (BSQ), Agoraphobic Cognitions Questionnaire (ACQ) und Mobility Inventory (MI) zusammen und erfasst somit angstauslösende Körperempfindungen, angstbezogene Kognitionen und Vermeidungsverhalten. Die Angstmaße wurden zu allen vier Messzeitpunkten ausgefüllt. Außerdem bekamen die Patienten einen eigens für diese Studie konzipierten Fragebogen zur Erfassung der sechs Stufen des TTM bei Panikstörung und Agoraphobie vorgelegt, der aus dem FF-STABS (Maurischat et al., 2002; siehe Abschnitt 2.2.4) abgeleitet wurde. Die Fragen zu den ersten drei Stufen des TTM wurden zu t_0 und t_1 ausgefüllt, die Fragen zu den Stufen vier bis sechs zu t_2 und t_3. Es folgt eine Beschreibung der Messinstrumente und eine zusammenfassende Darstellung ihrer Gütekriterien.

4.4.1 Beck Angst-Inventar (BAI)

Beim BAI handelt es sich um die deutsche Übersetzung (Magraf & Ehlers, 2007; siehe Anhang E) des Beck Anxiety Inventory (Beck, 1988) zur Erfassung der Schwere von klinischer Angst. Dieses Selbstbeurteilungsinstrument erfasst mit 21 vierstufigen Items die Belastung durch verschiedene Angstsymptome in der letzten Woche. Dabei reichen die Ausprägungen der Items von 0 („es störte mich nicht sehr") bis 3 („ich konnte es kaum aushalten"). Für die Auswertung wird der Summenscore gebildet, der zwischen 0 und 63 liegen kann. Dabei bedeutet ein Wert von 0-7 Punkten „minimum level of anxiety" , 8-15 Punkten „mild anxiety", 16-25 Punkten „moderate anxiety" und 26-63 Punkten „severe anxiety" (Beck & Steer, 1993). In mehreren Studien wurden angemessene Werte für die interne Konsistenz, Reliabilität und Validität ermittelt. So wiesen in fast allen Studien mit klinischen und nicht-klinischen Probanden die internen Konsistenzen Werte von Cronbach´s $\alpha > .90$ (Beck, Epstein, Brown, Steer, (1988), 1988, Beck & Steer, 1993; Creamer, Foran, & Bell 1995; Frydrich; Dowdall & Chambless, 1992) auf. Bei einer klinischen und nicht-klinischen Stichprobe zeigten sich Retest-Reliabilitäten über eine Woche von $r = .75$ und $r = .62$ (Beck et al., 1988; Creamer et al. 1995). Es bestanden Korrelationen von $r = .50$ bis $r = .60$ mit anderen Angstmaßen (Beck et al. 1988; Beck & Steer, 1991; Creamer et al. 1995 Fydrich et al., 1992), was für eine gute konvergente Validität spricht. Alle Autoren bestätigen eine gute diskriminante Validität des BAI. Der BAI erwies sich als sensitiv gegenüber Veränderungen in Therapiestudien (de Beurs et al. 1997). Für die deutschsprachige Version zeigten sich ähnliche psychometrische Werte (Margraf & Ehlers, 2007).

4.4.2 Fragebogen zur Angst vor körperlichen Symptomen (BSQ)

Der BSQ (Ehlers, Magraf & Chambless, 1993; deutsche Bearbeitung des Body Sensation Questionnaire von Chambless et al., 1984; siehe Anhang F) erfasst das Ausmaß der Angst vor bestimmten körperlicher Empfindungen. Dabei wird die Intensität der Angst gemessen durch 18 Items mit den Ausprägungen von 1 („nicht beunruhigt durch diese Empfindung") bis 5 („extrem beunruhigt durch diese Empfindung"). Item 18 erlaubt dabei nicht in der Liste aufgeführte körperliche Symptome zu benennen und geht nicht in die Auswertung mit ein. Das arithmetische Mittel des Summenscores zeigt die Intensität der körperbezogenen Angst des Patienten. Der BSQ zeigt eine gute interne Konsistenz und eine mittelhohe Retest-Reliabilität. So ermittelten Chambless et al. (1984) bei zwei klinischen Stichproben eine interne Konsistenz von $\alpha = .87$ und eine Retest-Reliabilität von $r = .67$ nach 31 Tagen. Außerdem wiesen sie die Veränderungssensitivität der Skala nach. Es zeigten sich signifikante Korrelationen zwischen $r = .34$ und $r = .67$ mit konstruktnahen Maßen wie dem

„Anxiety Sensitivity Index" (ASI; Reiss et al., 1986), der auch Items zu Angst vor körper-lichen Symptomen beinhaltet (Chambless et al., 1984; McNally & Lorenz, 1987; Warren, Zgourides & Englert, 1990). Somit kann auf eine ausreichende konvergente Validität ge-schlossen werden. Weiter diskriminiert der BSQ zwischen Agoraphobikern, Patienten mit anderen psychischen Störungen und nicht-klinischen Kontrollpersonen (Chambless et al., 1984; Chambless & Gracely, 1989). Es kann also auf eine gute Spezifität und Sensitivität geschlossen werden. Ehrlers und Magraf (2001) zeigten für die deutsche Fassung des BSQ ähnliche Werte für interne Konsistenz und Reliabilität.

4.4.3 Fragebogen zu angstbezogenen Kognitionen (ACQ)

Der ACQ (Ehlers, Magraf & Chambless, 1993; deutsche Bearbeitung des Agoraphobic Cognitions Questionnaire, Chambless et al., 1984; siehe Anhang G) erfasst die Häufigkeit zentraler angstbezogener Gedanken. Diese wird erfasst durch 15 Items mit den Ausprägungen von 1 („der Gedanke kommt nie vor") bis 5 („der Gedanke kommt immer vor"). Item 15 erlaubt dabei nicht in der Liste aufgeführte angstbezogene Kognitionen zu benennen und geht nicht in die Auswertung mit ein. Das arithmetische Mittel des Summenscores zeigt die Inten-sität der angestbezogenen Kognitionen des Patienten. Chambless et al. (1984) ermittelten bei einer klinischen Stichprobe eine interne Konsistenz von $\alpha = .80$, eine Retest-Reliabilität von r = .86 nach einem Intervall von acht Tagen und wiesen die Veränderungssensitivität der Skala nach. Der ACQ korreliert zwischen r = .34 und r = .67 mit dem BSQ (Chambless et al., 1984; McNally & Lorenz, 1987). Die einzelnen Items korrelieren in sinnvoller Weise mit denen des BSQ. So korrelierte die Angst vor Herzklopfen zu r = .61 mit dem Gedanken „ich werde einen Herzanfall bekommen", aber nicht signifikant mit dem Gedanken „Ich muss mich gleich übergeben" (Warren, Zgourides & Englert, 1990). Außerdem zeigten sich Korrelationen von r = .66 mit dem ASI (McNally & Lorenz, 1987). Somit kann auf eine ausreichende konvergente Validität geschlossen werden. Der ACQ diskriminiert zwischen Agoraphobikern und Kontrollpersonen, nicht aber zwischen Agoraphobikern und Patienten mit anderen Angststörungen (Craske, Rachman, & Taliman 1986). Eine faktorenanalytisch ermittelte Teilgruppe der Items („Gedanken an körperliche Krisen") zeigte allerdings eine ausreichende Trennschärfe zwischen Agoraphobikern und anderen Angstpatienten (Chambless & Gracely, 1989).

4.4.4 Mobilitäts-Inventar (MI)

Das MI (Ehlers, Magraf & Chambless, 1993; deutsche Bearbeitung des Mobility Inventory von Chambless et al., 1984; siehe Anhang H) misst die Intensität des Vermeidungsverhaltens bezüglich verschiedener agoraphobisch relevanter Plätze, Situationen und Verkehrsmittel. Dabei wird durch 28 Items mit den Ausprägungen 1 („vermeide niemals") bis 5 („vermeide immer") das Ausmaß der angstbezogenen Vermeidung sowohl in Begleitung als auch alleine erfasst. Item 28 erlaubt dabei nicht in der Liste aufgeführte Alltagssituationen zu benennen und geht nicht in die Auswertung mit ein. Bei der Auswertung werden zwei getrennte Summenscores für die Skalen „Vermeidung begleitet" (MIB) und „Vermeidung allein" (MIA) berechnet. Das arithmetische Mittel des jeweiligen Summenscores zeigt die Intensität des Vermeidungsverhaltens des Patienten. Das MI weißt ein sehr gute interne Konsistenz und eine sehr hohe Retest-Reliabilität auf. So berechneten Chambless et al. (1985) eine interne Konsitzenz von $\alpha = .91$ für MIB und $\alpha = .94$ für MIA. Außerdem zeigten sie eine Retest-Reliabilität nach acht Tagen von $r = .86$ für MIB und $r = .90$ für MIA und nach 81 Tagen von $r = .75$ für MIB und $r = .89$ für MIA. Die Autoren wiesen die Veränderungs-sensitivität des MI nach. Weiter zeigten sie signifikante Korrelationen zwischen $r = .25$ und $r = .68$ mit konstruktnahen Angstskalen wie der Agoraphobie-Skala des Fear Questionnaire (FQ) von Marks und Mathews (1979). Somit kann auf eine ausreichende konvergente Validität geschlossen werden. Das MI diskriminiert erfolgreich zwischen Agoraphobikern und Kontrollpersonen sowie Agoraphobikern und Patienten mit anderen Angststörungen. Somit kann auf eine gute Spezifität und Sensitivität geschlossen werden. Weiter bestand eine negative Korrelation von $r = - .38$ zwischen den Selbsteinschätzungen im MI und den Leis-tungen in Verhaltenstests bezüglich agoraphobischer Situationen (Kinney & Williams, 1988).

4.4.5 Itempool zum Transtheoretischen Modell

Der Fragebogen zu den Veränderungsstufen des Transtheoretischen Modells (TTM; siehe Abschnitt 2.2.5) wurde speziell für die vorliegende Untersuchung konzipiert und aus dem FF-STABS (Maurischat et al., 2002) abgeleitet. Der aus 44 Items bestehende Itempool, welcher diesem zugrunde lag, wurde umgeschrieben auf den Bereich Panikstörung und Agoraphobie (siehe Anhang I u. J). Dabei reichen die Ausprägungen der Items zu den sechs Veränderungs-stufen jeweils von 1 („trifft überhaupt nicht zu") bis 3 („trifft genau zu"). Es wurde vermutet, dass die Items 1-8 der Stufe der Sorglosigkeit, die Items 9-16 der Stufe des Bewusstwerdens, die Items 17-24 der Stufe der Vorbereitung, die Items 25-32 der Stufe der Handlung, die Items 33-39 der Stufe der Aufrechterhaltung und die Items 40-44 der Stufe der Stabilität zuzuordnen sind. Die Items zu den drei intentionalen Stufen wurden zu einem Fragebogen

(TTM1) zusammengefasst, welcher den Patienten zu t_0 und t_1 vorgelegt wurde. Die Items zu den behavioralen Stufen vier bis sechs wurden zu einem Fragebogen (TTM2) zusammengefasst, welcher den Patienten zu t_2 und t_3 vorgelegt wurde. Durch explorative und konfirmatorische Faktorenanalysen sollte ermittelt werden, ob die postulierte Skalenstruktur sich in den empirischen Daten auffinden lässt. Das arithmetische Mittel des Summenscores der faktorenanalytisch ermittelten Skalen stellt die Ausprägung des Patienten auf der jeweiligen Stufe dar.

4.5 Datenanalyse

Die Auswertung wurde mit SPSS 15.0 für Windows und dem Zusatzprogramm AMOS 6 (Arbuckle, 2005) durchgeführt. Für die Berechnung der Faktorenanalysen wurden zwei randomisierte Teilstichproben gebildet. Mit der ersten Teilstichprobe (Stichprobe 1) wurden die explorativen Faktorenanalysen zu t_1 und t_2 gerechnet, mit der zweiten Teilstichprobe (Stichprobe 2) wurden die konfirmatorischen Faktorenanalysen zu t_1 und t_2 gerechnet. Bei einigen Patienten fehlten für die in der jeweiligen Analyse relevanten Skalen die Angaben vollständig bzw. überschritten den kritischen Wert von 15% fehlender Einzelantworten. Sie wurden von der jeweiligen Analyse ausgeschlossen, wodurch sich für die einzelnen Auswertungen unterschiedlich große Analysestichproben ergaben. Die Gesamtscores für die Angstmaße wurden nach der in Abschnitt 4.4 berschriebenen Methode berechnet. Diese gingen als abhängige Variablen in die entsprechenden statistischen Analysen ein. Die in den Faktorenanalysen ermittelten Faktoren wurden als Prädiktoren in der Regressionsanalyse verwendet.

4.5.1 Explorative Faktorenanalyse

Zunächst sollte die Faktorenstruktur hinter den TTM-Skalen ermittelt werden. Dazu wurden mit Stichprobe 1 für die Messzeitpunkte t_1 bzw. t_2 explorative Faktorenanalysen gerechnet, um zu überprüfen, ob sich die Stufen eins bis drei bzw. vier bis sechs hinter TTM1 bzw. TTM2 verbergen. Für TTM1 wurden 24 Items auf ihren Zusammenhang zu den ersten drei Veränderungsstufen (Sorglosigkeit, Bewusstwerden, Vorbereitung) untersucht. Somit wurde die Anzahl der zu extrahierenden Faktoren auf drei fixiert. Für TTM2 wurden 20 Items auf ihren Zusammenhang zu den Veränderungsstufen vier bis sechs (Handlung, Aufrechterhaltung, Stabilität) untersucht. Somit wurde die Anzahl der zu extrahierenden Faktoren ebenfalls auf drei fixiert.

Als faktorenanalytisches Verfahren wurde die Hauptkomponentenanalyse (PCA) mit Varimax gewählt. Damit ist die Vergleichbarkeit mit anderen Arbeiten in diesem Bereich gewährleistet

(Dijkstra et al.2001; Fecht et al., 1998; Kerns et al., 1997; Maurischat, 2002). Außerdem empfiehlt Bühner (2006) die PCA, wenn das Ziel der Faktorenanalyse ist, Zusammenhänge zwischen Items auf latente Variablen zurückzuführen. Die Voraussetzungen für die Durchführung einer PCA sind ein Wert von >.7 im Kaiser-Meier-Olkin-Kriterium (*KMO*) und ein signifikanter Chi-Quadrat-Wert im Barlett-Test auf Sphärizität (Backhaus, 2006). Das *KMO* ermittelt den spezifischen Varianzanteil, den die Items mit keinem anderen Item teilen. Je niedriger der spezifische Varianzanteil der Items, desto höher das *KMO* (Bühner, 2006). Der Barlett-Test auf Sphärizität überprüft die Nullhypothese, dass die Stichprobe einer Grundgesamtheit entstammt, in der die Variablen unkorreliert sind (Backhaus, 2006).

Die Mindestfaktorladungen wurden nach Kerns et al. (1991) a priori auf $a_{ij} > .45$ festgelegt. Außerdem musste zur nächsthöheren Ladung auf einen anderen Faktor mindestens eine Differenz von $a_{ij} > .15$ bestehen. Da sich in der PCA mit Varimax-Rotation Interkorrelationen der Faktoren zeigten, wurde eine schiefwinklige Rotation (Oblimin, direkt; delta = 0) der Korrelationsmatrix durchgeführt und das Ergebnis auf Abweichungen zur orthogonalen Lösung untersucht. Die Items wurden ihrer Passung nach den jeweiligen TTM-Skalen zugeordnet und einer Trennschärfeanalyse unterzogen, wobei Items mit Werten von $a_{is} < .30$ verworfen wurden. Das Instrument sollte für Anwender und Patienten mit maximal fünf Items pro Skala zeitlich ökonomisch gestaltet werden. Deshalb wurden sukzessive Items eliminiert, die die Kriterien von Kerns et al. (1991) nur knapp erfüllten oder aufgrund von inhaltlichen Überlegungen keine optimale Passung zur jeweiligen Skala erreichten. Außerdem sollte die interne Konsistenz der Skalen nicht unter Cronbach´s $\alpha = .65$ fallen. Für die verbliebenen Items wurde eine abschließende Faktorenanalyse zur Bestimmung aller Itemladungen und den erklärten Varianzanteilen berechnet.

4.5.2 Konfirmatorische Faktorenanalyse

Zur Validierung der beiden mit der PCA ermittelten dreifaktoriellen Modelle wurden mit Stichprobe 2 zwei konfirmatorische Faktorenanalysen mit AMOS 6.0 gerechnet. Die Messmodelle wurden dabei jeweils Anhand der Ladungsmatrix aus der abschließenden PCA restringiert. Da Interkorrelationen zwischen den Skalen bestanden, wurden Zusammenhänge zwischen den latenten Variablen vermutet.

Für TTM1 wurde ein Pfadmodell mit zwei latent exogenen Variablen (ξ) Sorglosigkeit (SORG) und Bewusstwerden (BEW) und einer latent endogen Variablen (η) Vorbereitung (VOR) postuliert. Dabei wurde im Strukturmodell ein Pfad zwischen den latenten Variablen

SORG und VOR freigeschaltet. Jede latente Variable wurde durch fünf Indikatorvariablen spezifiziert (siehe Anhang K). Für die Berechnungen wurden zusätzlich noch folgende Pfade freigeschaltet: Korrelationen zwischen den Fehlervariablen e2e4, e4e16, e6evor, e12e13, e18e24, e23e24 und eine Regression von ttm18 auf ttm13.

Für TTM2 wurde ein Pfadmodell mit einer ξ-Variablen Handlung (HAN) und zwei η-Variablen Aufrechterhaltung (AUF) und Stabilität (STA) postuliert. Dabei wurde im Strukturmodell je ein Pfad zwischen den latenten Variablen HAN und AUF sowie AUF und STA freigeschaltet. Für die latenten Variablen HAN und AUF wurden je fünf Indikatorvaria-blen spezifiziert, für die latente Variable STA wurden vier Indikatorvariablen spezifiziert (siehe Anhang L). Für die Berechnungen wurden zusätzlich noch folgende Pfade freigeschal-tet: Korrelationen zwischen den Fehlervariablen e26e30, e27e28, e33e35, e35e42.

Für beide Pfadmodelle wurde die Nullhypothese untersucht, ob die implizite Varianz/Kovari-anzmatrix des spezifizierten Modell (Σ) der beobachteten Varianz/Kovarianzmatrix (S) ent-spricht. Für den Modelltest wurde die Maximum-Likelihood (ML)-Methode gewählt. Nach McDonald und Ho (2002) ist diese äußerst robust gegenüber Verletzungen der Normalvertei-lungsannahme. Weiter sollte diese nach West, Curran und Finch (1995) bei geringer Stichpro-bengröße ($100 < N < 500$) und multinormalverteilten Daten oder einer Schiefe $< \pm 2$ sowie einem Exzess $< \pm 7$ angewandt werden. Um auf Multinormalverteilung zu testen, wurde der Mardia-Test durchgeführt. Wird dieser signifikant, muss ein Bollen-Stine-Bootstrap durchge-führt und ein korrigierter p-Wert für den χ^2 –Test ermittelt werden, wodurch die Überschät-zung des χ^2-Wertes aufgrund der Verletzung der multinormalverteilten Daten ausgeglichen werden kann (Bühner, 2006).

Da der χ^2-Wert stark stichprobenabhängig ist wurden verschiedene Fit-Indizes herangezogen, um die Passung der Modellgüte zu beurteilen. Diese prüfen die Abweichungen des A-priori-Modells von einem Null-Modell (inkrementelle Fit-Indizes) oder einem saturierten Modell (absolute Fit-Indizes). In einem Null-Modell sind alle Parameter auf Null fixiert und es müs-sen nur die Varianzen der beobachteten Variablen geschätzt werden. Ein saturiertes Modell repliziert exakt die Stichprobenkovarianz und führt somit zu einer perfekten Passung des Mo-dells (Kline, 2005). Als inkrementelle Fit-Indizes wurden der Normed-Fit-Index (*NFI*) und der Comparative-Fit-Index (*CFI*) berechnet. Als absolute Fit-Indizes wurden der Goodness-of-Fit-Index (*GFI*), der Root-Mean-Square-Error of Approximation (*RMSEA*) und das Stan-dardized-Root-Mean-Residual (*SRMR*) berechnet. Nach Hu & Bentler (1998) sollten die

Werte des *GFI*, *NFI* und *CFI* > .9 und für *SRMR* und *RMSEA* < .10 sein, um einen akzepta-blen Modell-Fit zu erreichen. Diese Werte haben sich in der Fachliteratur als Indikatoren für einen adequaten Modell-Fit durchgesetzt und wurden als Kriterien für die Passung des hier beschriebenen Modells verwendet.

4.5.3 Regressionsanalyse

Es wurde postuliert, dass die Ausprägung der Patienten auf den einzelnen Veränderungs-stufen oder deren Veränderung im Therapieverlauf oder beides einen Einfluss auf die Angst-symptomatik 6 Monate nach Beendigung der Therapie nahmen. Um dies zu analysieren, wurden schrittweise multiple lineare Regressionen gerechnet. Kriterien waren die Angst-maße zu t_3 (ACQ, BSQ, MIB, MIA, BAI). Als Prädiktoren wurden die Skalenmittelwerte der einzelnen ermittelten Faktoren zu t_1 (SORG, BEW, VOR) und zu t_2 (HAN, AUF, STA) und deren Veränderungen von t_0 zu t_1 bzw. von t_2 zu t_3 verwendet. Nach der statistischen Alter-nativhypothese sollten diese neben den Autoregressoren (ACQ, BSQ, MIB, MIA, BAI zu t_1 und t_2) zusätzliche Kriteriumsvarianz aufklären.

Für die Berechnung multipler linearer Regressionen müssen eine Reihe von Voraussetzungen erfüllt sein. Es darf keine Multikollinearität bestehen, d.h. die multiplen Korrelationen zwi-schen den Variablen sollten keine extrem hohen Werte annehmen. Nach Backhaus (2006) gibt es kein statistisches Verfahren, welches exakte Grenzen für Multikollinearität angibt. Al-lerdings lassen sich die Toleranz und der Vairance Inflation Factor (*VIF*) als Indikatorvaria-blen verwenden (Brosius, 2002). Die Toleranz wird ermittelt über die Differenz von eins und der Varainzaufkärung an der i-ten unabhängigen Variablen durch die übrigen unabhängigen Variablen (Formel 1).

$$(1) \quad \text{Toleranz}_i = 1 - R_i^2$$

Ab Toleranzwerten unter .10 besteht der Verdacht auf Multikollinearität. Der *VIF* stellt den Kehrwert der Toleranz dar. Nimmt dieser Werte über 10 an, so kann davon ausgegangen werden, dass Multikollinearität besteht. Weiter muss überprüft werden, ob Heteroskedasti-zität besteht. Bei der Überprüfung sollte im Streudiagramm kein Zusammenhang zwischen den aufgrund der Regressionsgleichung geschätzten standardisierten Mengen und den standardisierten Residuen bestehen. Es sollten außerdem keine starken Ausreißer bei den Residuen bestehen. Nach Backhaus (2006) sollten die Abweichungen der Residuen vom Mittelwert innerhalb eines Intervalls von ± 2 Standardabweichungen liegen. Da der Regres-sionsanalyse Zeitreihendaten zugrunde lagen, sollte keine Autorkorrelation zwischen den

Residuen bestehen. Der Durbin/Watson-Koeffizient sollte deshalb innerhalb eines Wertebereichs zwischen 1.5 und 2.5 liegen.

4.5.4 Effektstärken

Damit die Ergebnisse der Regressionsanalyse sinnvoll interpretiert werden konnten, musste nachgewiesen werden, dass sich die Angsymptomatik der Patienten über den Therapieverlauf hinweg überhaupt veränderte. Als Indikatoren dafür wurden die Effektstärken berechnet. Smith, Glass & Miller (1980) schlagen zur Berechnung der Effektstärke eine als klassische Referenz bezeichnete Formel vor. Dabei wird die Differenz der Mittelwerte von Treatment- und Kontrollgruppe zum Zeitpunkt t_2 (meist Post-Treatment) gebildet und anschließend durch die Streuung der Kontrollgruppe zum Zeitpunkt t_2 dividiert (Formel 2).

$$(2) \quad ES = \frac{M_{treat2} - M_{control2}}{S_{control2}}$$

Wenn keine Konrtollgruppe vorliegt, so können nach Hartmann und Herzog (1995) die Prä-Post Differenzen der Treatment-Gruppe an verschiedenen Formen der gepoolten Varianzen von Prä- und Post-Treatment-Gruppe relativiert werden. Eine vereinfachte Version liefern Maier-Riehle und Zwingmann (2000), die eine Standardisierung der Differenzen an der Standardabweichung der Prä-Treatment-Gruppe ($ES_{prä}$) vorschlagen (Formel 3).

$$(3) \quad ES_{prä} = \frac{M_1 - M_2}{SD_{prä}}$$

Es wurden die Effektstärken für ACQ, BSQ, MIB, MIA und BAI zwischen t_1 und t_2 sowie t_1 und t_3 berechnet. Dabei folgte die Berechnung nach der Formel von Maier-Riehle und Zwingmann (2000).

5 Ergebnisse

5.1 Vergleich von Stichprobe 1 vs. Stichprobe 2

Für die Berechnung der Faktorenanalysen wurden zwei randomisierte Teilstichproben gebildet. Mit der ersten Teilstichprobe (Stichprobe 1) wurden die explorativen Faktorenanalysen zu t_1 und t_2 gerechnet, mit der zweiten Teilstichprobe (Stichprobe 2) wurden die konfirmatorischen Faktorenanalysen zu t_1 und t_2 gerechnet. Tabelle 2 vergleicht die beiden Teilstichproben bezüglich soziodemographischer und klinischer Variablen. Ein größerer Unterschied zwischen den Stichproben erhöht die faktorielle Validität. Für kategoriale Variablen wurden χ^2-Tests und für kontinuierliche Variablen T-Tests gerechnet. Dabei zeigten sich für die soziodemographischen Variablen nur bei Alter signifikante Unterschiede zwischen Stichprobe 1 und 2. Alle Angstmaße außer ACQ und BAI zu t_2 unterschieden sich sowohl für t_1 als auch t_2 signifikant oder marginal signifikant voneinander. Für die TTM-Skalen bestand kein einziger signifikanter Unterschied.

Tabelle 2. Vergleich soziodemographischer und klinischer Variablen zwischen den Teilstichproben für explorative und konfirmatorische Faktorenanalysen ($86 \leq N \leq 97$).

	Stichprobe 1 (N = 96)			Stichprobe 2 (N = 97)					
	M	*SD*	%	*M*	*SD*	%	*df*	T/χ^2	*p*
Alter	38.70	11.99		42.96	10.59		187	-2.59	.010
Geschlecht (% w)			62.5			72.2	1	2.05	.152
Wohnsituation							4	7.95	.094
Im H[a] der Eltern			12.5			7.2			
Eigener H[a]			25.0			19.6			
Gemeinsamer H[a]			54.2			71.1			
WG			3.1			1.0			
Sonstige			5.2			1.0			
Partnersituation							4	7.00	.136
Kurzfristig kein P[b]			5.3			5.2			
Dauerhaft kein P[b]			31.6			18.8			
Häufiger P[b]-Wechsel			1.1			-			
Fester P[b]			24.2			21.9			
Fester Ehepartner			37.9			54.2			

	Stichprobe 1			Stichprobe 2					
	M	*SD*	%	*M*	*SD*	%	*df*	T/χ^2	*p*
Schulabschluss							5	3.70	.598

	Haushalt M	SD	Partner M	SD	N	t	p
Noch Schule	2.1		-				
Kein Schulabschluss	1.1		2.1				
Hauptschulabschluss	28.4		29.9				
Realschulabschluss	29.5		26.8				
Abitur	37.9		41.2				
Sonstiger	1.1		-				
Beruflicher Abschluss					5	7.41	.192
Noch in Ausbildung	10.8		4.2				
Lehre oder Fachschule	49.5		58.3				
Meister	7.5		2.1				
Studium	17.2		22.9				
Kein Abschluss	12.9		10.4				
Sonstiger	2.2		2.1				
Berufliche Tätigkeit					10	12.42	.258
Vollzeit	44.3		47.4				
Halbtags	8.2		10.3				
Gelegentlich	1.0		8.2				
Familienhelfer	4.1		1.0				
Hausfrau/-mann	7.2		8.2				
Schulung	8.2		3.1				
Arbeitslos	8.2		7.2				
Dauerrente	-		1.0				
Zeitrente	3.1		2.1				
Pension	6.2		3.1				
Sonstige	6.2		8.2				
ACQ							
Prä[c]	2.21	.58	2.03	.62	190	2.09	.038
Post[d]	1.87	.61	1.73	.61	174	1.57	.118
BSQ							
Prä[c]	2.80	.69	2.61	.71	191	1.82	.071
Post[d]	2.41	.81	2.14	.82	172	2.18	.031
MIB							
Prä[c]	2.20	.88	1.82	.76	185	3.16	.002
Post[d]	1.64	.67	1.45	.54	171	2.07	.040
MIA							
Prä[c]	2.85	.98	2.44	1.01	189	2.87	.005
Post[d]	2.06	.82	1.87	.82	171	1.48	.141
BAI							
Prä[c]	31.27	12.31	27.28	14.17	192	2.09	.038
Post[d]	22.80	12.74	19.39	12.80	173	1.77	.079
Sorg	1.55	.36	1.51	.42	191	.65	.515
Bew	2.50	.42	2.45	.45	191	.81	.421
Vor	2.79	.30	2.75	.32	191	.91	.367
Han	2.70	.39	2.69	.38	174	.24	.812
Auf	1.85	.47	1.85	.53	173	.07	.944
Sta	2.52	.42	2.47	.43	174	.76	.451

Anmerkung. a = Haushalt, b = Partner, c = t_1, d = t_2.

5.2 Ergebnisse der explorativen Faktorenanalyse

5.2.1 Explorative Faktorenanalyse für TTM1

Der Verlauf der Eigenwerte (4.00; 2.86; 2.17; 1.34; 1.16; 1.15; 1.00; .99…, siehe Abbildung 1) legt eine dreifaktorielle Lösung nahe. Es zeigte sich bei Varimax- und obliquer Rotation eine zu 100% identische Verteilung der Items auf den Faktoren. Die Differenzen der Faktorladungen waren minimal und nahmen alle Werte < .03 an. Da keine essentiellen Unterschiede zwischen den Befunden festgestellt werden konnten, beschränkt sich der Ergebnisbericht auf die orthogonale Lösung. Nach den Kriterien von Kerns et al. (1991) wurden fünf Items eliminiert, die zu geringe bzw. keine ausreichend diskriminanten Faktorladungen aufwiesen. Es wurden weitere vier Items verworfen, die die Kriterien nur knapp erfüllten und deren inhaltliche Passung zur Skala nicht optimal erschien. Somit wurde ein ausgewogenes Verhältnis zwischen Skalenlänge und interner Konsistenz erzielt. Die abschließende PCA (*KMO* = .73; Barlett-Test: χ^2 = 666.26, df = 105, *p* < .001) für die verbliebenen 15 Items erbrachte eine Drei-Faktorlösung, die 50.05% der Varianz aufklärt. Dabei bilden fünf Items die Skala Sorglosigkeit (.63 $\leq a_{ij} \leq$ .76), fünf Items die Skala Bewusstwerden (.56 $\leq a_{ij} \leq$ .77) und fünf Items die Skala Vorbereitung (.55 $\leq a_{ij} \leq$ .76). Tabelle 3 zeigt Faktorladungen, Item- und Skalenwerte des TTM1.

Tabelle 3: Faktorladungen, Item- und Skalenwerte des TTM1.

Item-nummer	$M \pm SD$	Item-Schwierigkeit	Trenn-schärfe	a_{i1}	a_{i2}	a_{i3}
1	1.91 ± .68	.64	.49	.67	.09	.11
2	1.27 ± .53	.42	.48	.66	-.15	-.19
4	1.22 ± .50	.41	.46	.63	-.16	-.27
5	1.97 ± .83	.66	.53	.72	-.01	-.08
6	1.81 ± .78	.60	.57	.76	-.04	.16
12	2.28 ± .75	.76	.45	-.17	.63	.04
13	2.22 ± .83	.74	.49	-.24	.68	.03
14	2.38 ± .68	.79	.48	.25	.72	-.07
15	2.51 ± .69	.84	.56	.17	.77	-.02
16	2.82 ± .44	.94	.38	-.17	.56	.18
18	2.77 ± .53	.92	.42	-.13	.34	.55
21	2.81 ± .47	.94	.49	.02	.01	.76
22	2.87 ± .37	.96	.48	-.07	.00	.76
23	2.89 ± .39	.96	.41	.13	.02	.60
24	2.48 ± .72	.83	.45	-.16	-.03	.63
				a_{i1}	a_{i2}	a_{i3}
	Varianzaufklärung je Faktor in %			17.59	16.53	15.92
	Skalenmittelwerte ± *SD*			1.64 ± .47	2.44 ± .47	2.76 ± .34

Cronbach´s α	.73	.71	.67
Split-Half-Reliabilität nach Spearman-Brown	.72	.74	.62

Interkorrelationen: Sorglosigkeit		-.09	-.14*
Bewusstwerden			.13

Anmerkung. Itemnummer = Abfolge der Items im Fragebogen (s. Anhang I), a_{i1} = Itemladung auf Faktor 1 (Sorglosigkeit), a_{i2} = Itemladung auf Faktor 2 (Bewusstwerden), a_{i3} = Itemladung auf Faktor 3 (Vorbereitung), * = $p < .05$.

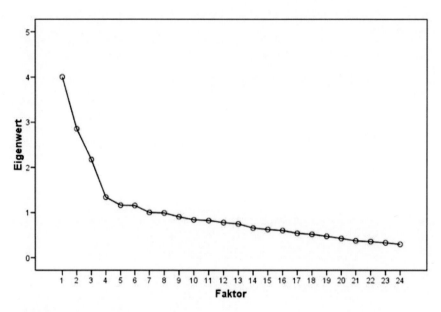

Abbildung 1. Scree-Plot zum Verlauf der Eigenwerte für TTM1.

5.2.2 Explorative Faktorenanalyse für TTM2

Der Verlauf der Eigenwerte (5.45, 2.26, 1.78, 1.12, .94, .85…siehe Abbildung 2) legt eine dreifaktorielle Lösung nahe. Es zeigte sich bei Varimax-Rotation und bei obliquer Rotation eine zu 100% identische Verteilung der Items auf den Faktoren. Die Differenzen der Faktorladungen waren minimal und nahmen ebenfalls alle Werte < .03 an. Da keine essentiellen Unterschiede zwischen den Befunden festgestellt werden konnten, beschränkt sich der Ergebnisbericht auf die orthogonale Lösung. Nach den Kriterien von Kerns et al. (1991) wurden sechs Items eliminiert, die zu geringe bzw. keine ausreichend diskriminanten Faktorladungen aufwiesen. Somit wurde ein ausgewogenes Verhältnis zwischen Skalenlänge und interner Konsistenz erzielt. Die abschließende PCA (*KMO*=.77; Barlett Test: χ^2 = 637.16, *df* =

91, $p < .001$) für die verbliebenen 14 Items erbrachte eine Drei-Faktorlösung, die 53.23% der Varianz aufklärt. Dabei bilden fünf Items die Skala Handlung (.63 $\leq a_{ij} \leq$ .82), fünf Items die Skala Aufrechterhaltung (.66 $\leq a_{ij} \leq$ .72) und vier Items die Skala Stabilität (.59 $\leq a_{ij} \leq$ .81). Tabelle 4 zeigt Faktorladungen, Item- und Skalenwerte des TTM2. Für alle sechs Skalen schwankte die Varianzaufklärung je Faktor zwischen 15.60% und 19.50%. Die Skalen-mittelwerte streuten zwischen 1.64 und 2.76. Es ergaben sich interne Konsistenzen (Cronbach´s α) zwischen .67 und .77. Die Split-Half-Reliabilität nach Spearman-Brown schwankte zwischen .62 und .78. Die Interkorrelationen streuten zwischen $r = -.09$ und $r = .34$. Dabei zeigten sich für die TTM2-Skalen höhere Interkorrelationen als für die TTM1-Skalen.

Tabelle 4. Faktorladungen, Item- und Skalenwerte des TTM2.

Item-nummer	$M \pm SD$	Item-schwierigkeit	Trenn-schärfe	a_{i1}	a_{i2}	a_{i3}
25	2.79 ± .45	.93	.48	<u>.64</u>	.06	.26
26	2.68 ± .56	.89	.50	<u>.63</u>	.24	-.03
27	2.69 ± .56	.89	.61	<u>.82</u>	-.02	.06
28	2.76 ± .50	.92	.40	<u>.64</u>	-.01	.06
30	2.56 ± .63	.85	.55	<u>.68</u>	.34	-.01
32	2.06 ± .80	.69	.53	.23	<u>.71</u>	.00
34	1.95 ± .75	.65	.56	.14	<u>.72</u>	.12
35	1.66 ± .73	.55	.52	-.11	<u>.66</u>	.37
38	2.03 ± .78	.68	.59	.20	<u>.68</u>	.20
40	1.42 ± .66	.47	.49	.03	<u>.69</u>	-.12
33	2.10 ± .68	.70	.41	-.10	.38	<u>.59</u>
42	2.50 ± .60	.83	.55	.03	.11	<u>.81</u>
43	2.70 ± .51	.90	.53	.23	.04	<u>.74</u>
44	2.68 ± .58	.89	.35	.09	-.03	<u>.61</u>

				a_{i1}	a_{i2}	a_{i3}
Varianzaufklärung je Faktor in %				19.50	18.14	15.60
Skalenmittelwerte ± SD				2,70 ± .38	1.83 ± .54	2.50 ± .42
Cronbach´s α				.74	.77	.67
Split-Half-Reliabilität nach Spearman-Brown				.78	.75	.64
Interkorrelationen: Handlung					$.31^{**}$	$.18^{*}$
Aufrechterhaltung						$.34^{**}$

Anmerkung. Itemnummer = Abfolge der Items im Fragebogen (s. Anhang J), a_{i1} = Itemladung auf Faktor 1 (Handlung), a_{i2} = Itemladung auf Faktor 2 (Aufrechterhaltung), a_{i3} = Itemladung auf Faktor 3 (Stabilität), * = $p < .05$, ** = $p < .01$.

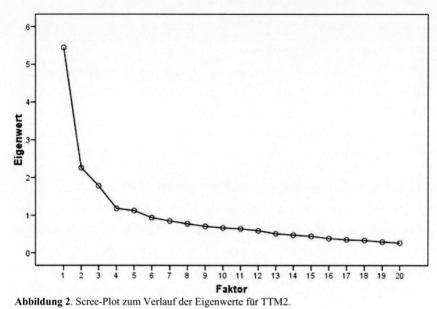

Abbildung 2. Scree-Plot zum Verlauf der Eigenwerte für TTM2.

5.3 Ergebnisse der Konformatorischen Faktorenanalyse

5.3.1 Voraussetzungsanalysen: Überprüfung der Verteilungsform

5.3.1.1 Überprüfung auf Normalverteilung

Mithilfe des Kolmogorov-Smirnov-Tests wurden die Rohwerteverteilungen der exploratorisch ermittelten Skalen auf Normalverteilung untersucht. Alle sechs Skalen wichen signifikant von der theoretischen Normalverteilung ab ($p < .05$). Die Skala Sorglosigkeit und Aufrechterhaltung waren rechtsschief, die Skalen Bewusstwerden, Vorbereitung, Handlung und Stabilität waren linksschief verteilt. Dies wurde bei den weiteren Analysen berücksichtigt.

5.3.1.2 Überprüfung auf multivariate Normalverteilung für TTM1

Tabelle 5 zeigt Schiefe, Exzess und Critical Ratios für TTM1. Für einige Items (4, 16-23) waren die ML-Voraussetzungen einer Schiefe $< \pm 2$ und eines Exzess $< \pm 7$ nicht erfüllt. Als konservativerer Test auf Multinormalverteilung der Daten gilt der Mardia-Test. Dieser wird angezeigt durch die Critical Ratios (*c.r.*), welche als z-Werte interpretiert werden können und ab einem Wert von > 1.96 als signifikant ($p < .05$) einzustufen sind. Der Mardia-Test wurde für alle Items (entweder für Schiefe oder Exzess) signifikant. Wegen erhöhter Schiefe und Exzess und signifikantem Mardia-Tests war mit einem erhöhten χ^2-Wert zu rechnen. Deshalb wurde eine Bollen-Stine-Bootstrap-Korrektur (1000 Modelle) des p-Wertes vorgenommen.

Tabelle 5. Überprüfung auf multivariate Normalverteilung für TTM1.

Faktor	Itemnummer	Min	Max	Schiefe	*c.r.*	Exzess	*c.r.*
Sorg	1	1.00	3.00	.12	.66	-.82	-2.34
	2	1.00	3.00	1.88	10.65	2.63	7.45
	4	1.00	3.00	2.12	12.35	3.94	11.16
	5	1.00	3.00	.05	.27	-1.55	-4.38
	6	1.00	3.00	.33	1.90	-1.26	-3.57
Bew	12	1.00	3.00	-.50	-2.85	-1.05	-2.98
	13	1.00	3.00	-.43	-2.46	-1.39	-3.94
	14	1.00	3.00	-.64	-3.62	-.68	-1.93
	15	1.00	3.00	-1.05	-5.95	-.18	-.51
	16	1.00	3.00	-2.37	-13.44	5.05	14.31
Faktor	Itemnummer	Min	Max	Schiefe	*c.r.*	Exzess	*c.r.*
Vor	18	1.00	3.00	-2.27	-12.86	4.12	11.68
	21	1.00	3.00	-2.43	-13.79	5.24	14.86
	22	1.00	3.00	-2.82	-15.98	7.63	21.62
	23	1.00	3.00	-3.61	-20.47	12.68	35.95
	24	1.00	3.00	-1.05	-5.91	-.23	-.65

Anmerkung. Sorg = Sorglosigkeit, Bew = Bewusstwerden, Vor = Vorbereitung, Min = Minimum der Itemwerte, Max = Maximum der Itemwerte, *c.r.*= Critical Ratio.

5.3.1.3 Überprüfung auf multivariate Normalverteilung für TTM2

Tabelle 6 zeigt Schiefe, Exzess und Critical Ratios für TTM2. Alle Items lagen innerhalb der von West, Curran und Finch (1995) geforderten Werte für multinormalverteilte Daten (Schiefe $< \pm 2$, Exzess $< \pm 7$). Der konservativere Mardia-Test wurde für alle Items (entweder für Schiefe oder Exzess) signifikant. Aufgrund des signifikanten Mardia-Tests war mit einem erhöhten χ^2-Wert zu rechnen. Deshalb wurde eine Bollen-Stine-Bootstrap-Korrektur (1000 Modelle) des p-Wertes vorgenommen.

Tabelle 6. Überprüfung auf multivariate Normalverteilung für TTM2.

Faktor	Itemnummer	Min	Max	Schiefe	c.r.	Exzess	c.r.
Han	25	1.00	3.00	-1.96	-10.55	3.04	8.18
	26	1.00	3.00	-1.53	-8.26	1.38	3.70
	27	1.00	3.00	-1.65	-8.89	1.72	4.62
	28	1.00	3.00	-2.04	-10.98	3.34	9.00
	30	1.00	3.00	-1.14	-6.14	.18	.50
Auf	32	1.00	3.00	-.11	-.57	-1.40	-3.78
	34	1.00	3.00	.09	.46	-1.19	-3.22
	35	1.00	3.00	.62	3.36	-.91	-2.44
	38	1.00	3.00	-.06	-.32	-1.35	-3.64
	40	1.00	3.00	1.31	7.03	.41	1.09
Sta	33	1.00	3.00	-.12	-.64	-.85	-2.28
	42	1.00	3.00	-.78	-4.18	-.37	-1.00
	43	1.00	3.00	-1.40	-7.55	.97	2.62
	44	1.00	3.00	-1.65	-8.89	1.68	4.52

Anmerkung. Han = Handlung, Auf = Aufrechterhaltung, Sta = Stabilität, Min = Minimum der Itemwerte, Max = Maximum der Itemwerte und *c.r.*= Critical Ratio.

5.3.2 Pfadmodell für TTM1

Tabelle 7 zeigt die nach der ML-Methode geschätzten nicht-standardisierten und standardisierten Regressionsgewichte für TTM1. Eine grafische Veranschaulichung der standardisierten Regressionen von den manifesten auf die latenten Variablen für TTM1 zeigt Abbildung 3. Die nicht-standardisierten Regressionsgewichte streuten zwischen -.10 und 1.37. Die standardisierten Regressionsgewichte lagen im Bereich zwischen -.22 und .82. Die Standardfehler streuten zwischen .04 und .32. Die Critical Ratios nahmen Werte zwischen -1.86 und 6.53 an. Die Regression von Vorbereitung auf Sorglosigkeit war marginal signifikant (p < .10). Alle anderen Regressionen waren hoch signifikant (p < .000).

Tabelle 7. Regressionsgewichte, standardisierte Regressionsgewichte, Standardfehler und Critical Ratios für TTM1.

Regression	b	beta	s.e.	c.r.	p
ttm1 ← Sorg	.70	.57	.12	6.09	***
ttm2 ← Sorg	.51	.53	.09	5.69	***
ttm4 ← Sorg	.42	.48	.08	5.34	***
ttm5 ← Sorg	.97	.64	.15	6.53	***
ttm6 ← Sorg	1.00	.71			
ttm12 ← Bew	.56	.42	.12	4.75	***
ttm13 ← Bew	.67	.46	.13	5.11	***
ttm14 ← Bew	.82	.68	.13	6.50	***
ttm15 ← Bew	1.00	.82			***
ttm16 ← Bew	.30	.38	.07	4.59	***
ttm18 ← Vor	.76	.37	.20	3.85	***
ttm21 ← Vor	1.37	.74	.32	4.25	***
ttm22 ← Vor	1.15	.79	.27	4.21	***
ttm23 ← Vor	.58	.37	.15	3.91	***
ttm24 ← Vor	1.00	.36			
ttm18 ← ttm13	.17	.27	.04	4.19	***
Vor ← Sorg	-.10	-.22	.06	-1.86	.06

Anmerkung. Sorg = Sorglosigkeit, Bew = Bewusstwerden, Vor = Vorbereitung, b = Regressionsgewicht, beta = standardisiertes Regressionsgewicht, *s.e.* = Standardfehler, *c.r.* = Critical Ratio, *** = $p < .000$.

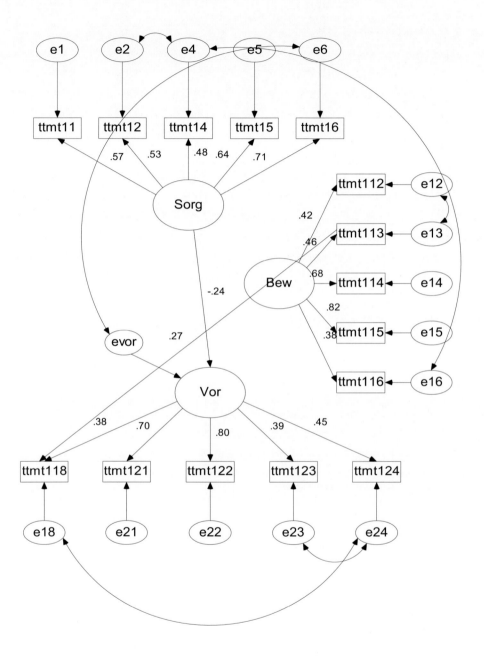

Abbildung 3. Pfadmodell für TTM1. Sorg = Sorglosigkeit, Bew = Bewusstwerden, Vor = Vorbereitung, ttmt11- ttmt124 = Items des TTM1, e = Fehlerwerte, Pfeile = standardisierte Regressionsgewichte, Doppelpfeile = Korrelationen.

5.3.3 Fit-Indizes für TTM1

Die Fit-Indizes implizieren eine gute Passung des A-priori-Modells. Der *NFI* lag mit einem Wert von .83 nur knapp unter dem geforderten Wert von > .9. Damit lag das A-priori-Modell mit hoher Wahrscheinlichkeit näher am saturierten Modell als am Null-Modell. Der *CFI* mit einem Wert von .94 bestätigt die hohe Diskrepanz zum Nullmodell und spricht für eine gute Passung zwischen impliziter und beobachteter Varianz/Kovarianzmatrix. Der *GFI* von .92 zeigt an, dass das Modell 92 % der Gesamtvarianz der beobachteten Varianz/Kovarianzmatrix aufklärte. Mit einem Wert von .05 lag der *RMSEA* unter dem geforderten kritischen Wert < .10. Der *PCCLOSE* erreichte einen Wert von p = .554 und deutet damit an, dass der *RMSEA* weit entfernt von einem signifikanten Wert war. Mit einem SRMR von .08 lag auch der zweite Badness-of-Fit-Indize innerhalb des kritischen Bereichs. Tabelle 8 fasst alle Fit-Indizes zusammen und vergleicht das A-priori-Modell mit dem Null-Modell und dem saturierten Modell. Insgesamt zeigen alle Fit-Indizes eine adäquate Modellpassung an.

Tabelle 8. Fit-Indizes für TTM1.

Modell	χ^2	df	p	pcor	NFI	CFI	GFI	RMSEA	PCCLOSE	SRMR
A-priori Modell	118.13	82	.006	.16	.83	.94	.92	.05	.554	.08
Null-Modell	704.08	105	.000		.00	.00	.61	.17	.000	
saturiertes Modell	.00	0			1.00	1.00	1.00			

Anmerkung. pcor = korrigierter p-Wert nach Bollen-Stine-Bootstrap, NFI = Normed-Fit-Index, CFI = Comparative-Fit-Index, GFI = Goodness-of-Fit-Index, RMSEA = Root-Mean-Square-Error of Appro-ximation, PCCLOSE = p-Wert für RMSEA, SRMR = Standardized-Root-Mean-Residual.

5.3.4 Pfadmodell für TTM2

Tabelle 9 zeigt die nach der ML-Methode geschätzten nicht-standardisierten und standardisierten Regressionsgewichte für TTM2. Eine grafische Veranschaulichung der standardisierten Regressionen von den manifesten auf die latenten Variablen für TTM2 zeigt Abbildung 4. Die nicht-standardisierten Regressionsgewichte streuten zwischen .34 und 1.16. Die standardisierten Regressionsgewichte lagen im Bereich zwischen .38 und .74. Die Standardfehler streuten zwischen .10 und 2.14. Die Critical Ratios nahmen Werte zwischen 3.59 und 7.33 an. Alle Regressionen waren hoch signifikant (p < .000).

Tabelle 9. Regressionsgewichte, standardisierte Regressionsgewichte, Standardfehler und Critical Ratios für TTM2.

Regression	b	beta	s.e.	c.r.	p
ttm25 ← Han	.75	.60	.14	5.47	***
ttm26 ← Han	.87	.57	.18	4.85	***
ttm27 ← Han	1.00	.64			***
ttm28 ← Han	.55	.40	.11	4.83	***
ttm30 ←Han	1.15	.66	2.14	5.37	***
ttm32 ← Auf	.96	.60	.15	6.38	***
ttm34 ← Auf	1.00	.67			***
ttm35 ← Auf	.82	.56	.13	6.19	***
ttm38 ← Auf	1.16	.74	.16	7.33	***
ttm40 ← Auf	.73	.55	.12	5.93	***
ttm33 ← Sta	.76	.50	.15	5.17	***
ttm42 ← Sta	1.00	.74			***
ttm43 ← Sta	.82	.72	.13	6.17	***
ttm44 ← Sta	.49	.38	.12	4.14	***
Auf ← Han	.62	.45	.16	3.83	***
Sta ← Auf	.34	.39	.10	3.59	***

Anmerkung. Han = Handlung, Auf = Aufrechterhaltung, Sta = Stabilität, b = Regressionsgewicht, beta = standardisiertes Regressionsgewicht, *s.e.* = Standardfehler, *c.r.* = Critical Ratio, *** : p = .000.

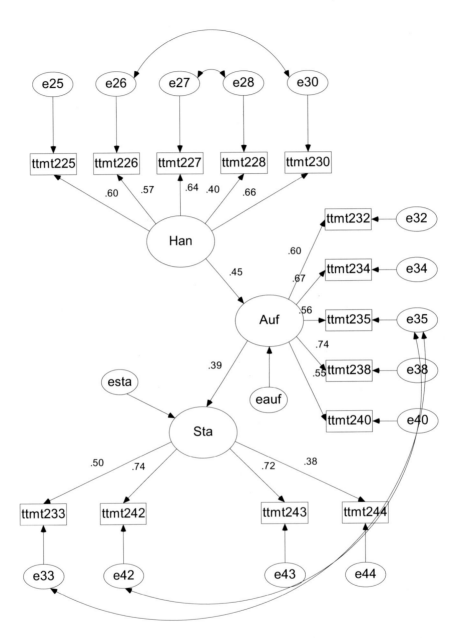

Abbildung 4. Han = Handlung, Auf = Aufrechterhaltung, Sta = Stabilität, ttmt225 – ttmt244 = Items des TTM2, e: Fehlerwerte, Pfeile = standardisierte Regressionsgewichte, Doppelpfeile = Korrelationen.

5.3.5 Fit-Indizes für TTM2

Die Fit-Indizes implizieren eine gute Passung des A-priori-Modells. Der *NFI* lag mit einem Wert von .83 nur knapp unter dem geforderten Wert von > .9. Damit lag das A-priori-Modell mit hoher Wahrscheinlichkeit näher am saturierten Modell als am Null-Modell. Der *CFI* mit einem Wert von .93 bestätigt die hohe Diskrepanz zum Nullmodell und spricht für eine gute Passung zwischen impliziter und beobachteter Varianz/Kovarianzmatrix. Der *GFI* von .92 zeigt an, dass das Modell 92 % der Gesamtvarianz der beobachteten Varianz/Kovarianzmatrix aufklärte. Mit einem Wert von .06 lag der *RMSEA* unter dem geforderten kritischen Wert < .10. Der *PCCLOSE* erreichte einen Wert von p = .251 und deutet an, dass der *RMSEA* weit entfernt von einem signifikanten Wert war. Mit einem SRMR von .07 lag auch der zweite Badness-of Fit-Indize innerhalb des kritischen Bereichs. Tabelle 10 fasst alle Fit-Indizes zusammen und vergleicht das A-priori-Modell mit dem Null-Modell und dem saturierten Modell. Insgesamt zeigen alle Fit-Indizes eine adäquate Modellpassung an.

Tabelle 10. Fit-Indizes für TTM2.

Modell	χ^2	df	p	pcor	NFI	CFI	GFI	RMSEA	PCCLOSE	SRMR
A-priori Modell	112.17	71	.001	.074	.83	.93	.92	.06	.251	.07
Null-Modell	673.89	91	.000		.00	.00	.55	.19	.000	
saturiertes Modell	.00	0			1.00	1.00	1.00			

Anmerkung. pcor = korrigierter p-Wert nach Bollen-Stine-Bootstrap, NFI = Normed-Fit-Index, CFI = Comparative-Fit-Index, GFI = Goodness-of-Fit-Index, RMSEA = Root-Mean-Square-Error of Approximation, PCCLOSE = p-Wert für RMSEA, SRMR = Standardized-Root-Mean-Residual.

5.4 Ergebnisse der Regressionsanalysen

5.4.1 Voraussetzungsanalysen

Die Toleranz war für alle Regressionen >.50. Der *VIF* lag für alle Regressionsanalysen innerhalb eines Wertebreichs zwischen 1.00 – 2.00. Somit konnte angenommen werden, dass keine Multikollinearität bestand. Die Überprüfung der Streudiagramme ergab keine linearen Zusammenhänge zwischen den durch die Regressionsgleichung geschätzten standardisierten Mengen und den standardisierten Residuen. Es bestand also keine Heteroskedastizität. Für die Residuen zeigten sich Ausreißer für alle fünf Regressionsanalysen, die das Intervall von ± 2 Standardabweichungen um den Mittelwert überschritten. Geringfügige Abweichungen wurden ignoriert. Größere Abweichungen, wie sie für MIB und MIA vorlagen, wurden von der Auswertung ausgeschlossen. Der Durbin/Watson-Koeffizient lag innerhalb des akzeptablen Wertebereichs von 1.5 und 2.5. Somit konnte davon ausgegangen werden, dass keine Autokorrelation zwischen den Residuen bestand.

5.4.2 Multiple lineare Regressionsanalysen der Angstmaße auf die TTM-Skalen

In Tabelle 11 ist das für das Kriterium ACQ zu t_3 gefundene Regressionsmodell dargestellt. Die Differenz zwischen STA zu t_3 und t_2 klärte zusätzlich zum Autoregressor ACQ zu t_2 signifikant verschieden von Null Kriteriumsvarianz auf. Dabei lag der Determinationskoeffizient des Gesamtmodells bei R^2 = .55. Somit konnte zur Vorhersage der Ausprägung von ACQ zu t_3 für die Prädiktoren ACQ zu t_2 und Differenz zwischen STA zu t_3 und t_2 die statistische Alternativhypothese angenommen werden.

Tabelle 11. Multiple lineare Regression von ACQ zu t_3 auf ACQ zu t_2 und die Differenz zwischen STA zu t_3 und STA zu t_2 (N = 120).

Prädiktor	M	SD	r	b	beta	R^2_{chg}	F	p
ACQ2	1.82	.599	.74	.80	.75	.54	138.56	.000
STA32	.03	.48	-.02	-.16	-.12	.01	3.73	.056
Konstante:				.27				

Gesamt: F = 72.75, df = 2/117 (p = .000)

R^2 = .55 (R = .74)

$Y` = .27 + .80ACQ2 - .16STA32$

Anmerkung. ACQ2 = ACQ zu t_2, STA32 = STA zu t_3 – STA zu t_2.

In Tabelle 12 ist das für das Kriterium BSQ zu t_3 gefundene Regressionsmodell dargestellt. Die Ausprägung von STA zu t_2, die Differenz zwischen AUF zu t_3 und t_2 und die Differenz zwischen STA zu t_3 und t_2 klärten zusätzlich zu den Autoregressoren BSQ zu t_1 und BSQ zu t_2 signifikant verschieden von Null Kriteriumsvarianz auf. Dabei lag der Determinationskoeffizient des Gesamtmodells bei $R^2 = .57$. Somit konnte zur Vorhersage der Ausprägung von BSQ zu t_3 für die Prädiktoren BSQ zu t_1, BSQ zu t_2, STA zu t_2, Differenz zwischen AUF zu t_3 und t_2 und Differenz zwischen STA zu t_3 und t_2 die statistische Alternativhypothese angenommen werden.

Tabelle 12. Multiple lineare Regression von BSQ zu t_3 auf BSQ zu t_1, BSQ zu t_2, STA zu t_2, die Differenz zwischen AUF zu t_3 und AUF zu t_2 und die Differenz zwischen STA zu t_3 und STA zu t_2 ($N = 116$).

Prädiktor	M	SD	r	b	beta	R^2_{chg}	F	p
BSQ1	2.76	.73	.57	.42	.40	.33	54.90	.000
BSQ2	2.27	.86	.59	.21	.23	.09	16.42	.007
STA2	2.51	.45	-.32	-.73	-.42	.05	11.23	.000
AUF32	.57	.57	-.24	-.21	-.15	.05	11.62	.025
STA32	.03	.48	-.12	-.47	-.29	.06	14.90	.000

Konstante: 2.47

Gesamt: $F = 29.23$, $df = 5/110$ $(p = .000)$

$R^2 = .57$ $(R = .76)$

$Y` = 2.47 + .42BSQ1 + .21BSQ2 - .73STA2 - .21AUF32 - .47STA32$

Anmerkung. BSQ1 = BSQ zu t_1, BSQ2 = BSQ zu t_2, STA2 = STA zu t_2, AUF32 = AUF zu t_3 – AUF zu t_2, STA32 = STA zu t_3 – STA zu t_2.

In Tabelle 13 ist das für das Kriterium MIB zu t_3 gefundene Regressionsmodell dargestellt. Die Differenz zwischen AUF zu t_3 und t_2 und die Differenz zwischen STA zu t_3 und t_2 klärten zusätzlich zum Autoregressor MIB zu t_2 signifikant verschieden von Null Kriteriumsvarianz auf. Dabei lag der Determinationskoeffizient des Gesamtmodells bei $R^2 = .53$. Somit konnte zur Vorhersage der Ausprägung von MIB zu t_3 für die Prädiktoren MIB zu t_2, Differenz zwischen AUF zu t_3 und t_2 und Differenz zwischen STA zu t_3 und t_2 die statistische Alternativhypothese angenommen werden.

Tabelle 13. Multiple lineare Regression von MIB zu t_3 auf MIB zu t_2, die Differenz zwischen AUF zu t_3 und AUF zu t_2 und die Differenz zwischen STA zu t_3 und STA zu t_2 ($N = 117$).

Prädiktor	M	SD	r	b	beta	R^2_{chg}	F	p
MIB2	1.51	.58	.63	.75	.59	.40	76.67	.000
AUF32	.57	.57	-.41	-.40	-.30	.12	26.97	.000
STA32	.04	.48	-.25	-.20	-.13	.02	3.52	.063
Konstante:				.66				
Gesamt: $F = 42.39$, $df = 3/113$ ($p = .000$)								
$R^2 = .53$ ($R = .73$)								
$Y` = .66 + .75$MIB2 $- .40$AUF32 $- .20$STA32								

Anmerkung. MIB2 = MIB zu t_2, AUF32 = AUF zu t_3 – AUF zu t_2, STA32 = STA zu t_3 – STA zu t_2.

In Tabelle 14 ist das für das Kriterium MIA zu t_3 gefundene Regressionsmodell dargestellt. Die Differenz zwischen AUF zu t_3 und t_2 und die Differenz zwischen STA zu t_3 und t_2 klärten zusätzlich zum Autoregressor MIA zu t_2 signifikant verschieden von Null Kriteriumsvarianz auf. Dabei lag der Determinationskoeffizient des Gesamtmodells bei $R^2 = .61$. Somit konnte zur Vorhersage der Ausprägung von MIA zu t_3 für die Prädiktoren MIA zu t_2, Differenz zwischen AUF zu t_3 und t_2 und Differenz zwischen STA zu t_3 und t_2 die statistische Alternativhypothese angenommen werden.

Tabelle 14. Multiple lineare Regression von MIA zu t_3 auf MIA zu t_2, die Differenz zwischen AUF zu t_3 und AUF zu t_2 und die Differenz zwischen STA zu t_3 und STA zu t_2 ($N = 118$).

Prädiktor	M	SD	r	b	beta	R^2_{chg}	F	p
MIA2	1.95	.84	.66	.75	.66	.43	87.35	.000
AUF32	.58	.57	-.35	-.48	-.29	.13	33.29	.000
STA32	.04	.48	-.31	-.46	-.23	.05	13.91	.000
Konstante:				.81				
Gesamt: $F = 58.38$, $df = 3/114$ ($p = .000$)								
$R^2 = .61$ ($R = .78$)								
$Y` = .81 + .75$MIA2 $- .48$AUF32 $- .46$STA32								

Anmerkung. MIA2 = MIA zu t_2, AUF32 = AUF zu t_3 – AUF zu t_2, STA32 = STA zu t_3 – STA zu t_2.

In Tabelle 15 ist das für das Kriterium BAI zu t_3 gefundene Regressionsmodell dargestellt. Die Differenz zwischen STA zu t_3 und t_2 klärte zusätzlich zu den Autoregressoren BAI zu t_1 und BAI zu t_2 signifikant verschieden von Null Kriteriumsvarianz auf. Dabei lag der Determinationskoeffizient des Gesamtmodells bei $R^2 = .41$. Somit konnte zur Vorhersage der Ausprägung von BAI zu t_3 für die Prädiktoren BAI zu t_1, BAI zu t_2 und Differenz zwischen STA zu t_3 und t_2 die statistische Alternativhypothese angenommen werden.

Tabelle 15. Multiple lineare Regression von BAI zu t_3 auf BAI zu t_1, BAI zu t_2 und die Differenz zwischen STA zu t_3 und STA zu t_2 ($N = 119$).

Prädiktor	M	SD	r	b	$beta$	R^2_{chg}	F	p
BAI1	29.56	14.28	.46	.17	.19	.21	30.70	.026
BAI2	21.11	13.48	.57	.45	.48	.16	28.63	.000
STA32	.033	.48	-.25	-5.72	-.22	.05	9.11	.003
Konstante:				5.22				

Gesamt: $F = 26.78$, $df = 3/115$ ($p = .000$)

$R^2 = .41$ ($R = .64$)

$Y` = 5.22 + .17\text{BAI1} + .45\text{BAI2} - 5.72\text{STA32}$

Anmerkung. BAI1 = BAI zu t_1, BAI2 = BAI zu t_2, STA32 = STA zu t_3 – STA zu t_2.

5.5 Effektstärken der Angstmaße

Die Effektstärken für die Veränderung der Angstsymptomatik von t_1 zu t_2 nahmen Werte zwischen $.52 \leq ES_{pr\ddot{a}} \leq .67$ an. Für die Veränderung der Angstsymptomatik von t_1 zu t_3 lagen die Werte zwischen $.54 \leq ES_{pr\ddot{a}} \leq .79$. Für ACQ, BSQ und BAI waren die Effektstärken für die Veränderung von t_1 zu t_3 größer als für die Veränderung von t_1 zu t_2. Für MIB und MIA waren die Effektstärken für die Veränderung von t_1 zu t_2 leicht größer als für die Veränderung von t_1 zu t_3. Tabelle 16 zeigt die Effektstärken für die Veränderungen auf allen Angstmaßen.

Tabelle 16. Mittelwerte, Standardabweichungen und Effektstärken der Mittelwertsdifferenzen zwischen t_1 und t_2 sowie t_1 und t_3 für die Angstmaße ($123 \leq N \leq 193$).

	$M\,(SD)$			$\lvert ES_{pr\ddot{a}} \rvert$	
	t_1	t_2	t_3	$t_1 - t_2$	$t_1 - t_3$
ACQ	2.12 (.61)	1.80 (.61)	1.74 (.66)	.52	.62
BSQ	2.71 (.70)	2.27 (.82)	2.16 (.79)	.63	.79
MIB	2.02 (.84)	1.55 (.61)	1.57 (.74)	.56	.54
MIA	2.65 (1.01)	1.97 (.82)	2.01 (.98)	.67	.63
BAI	29.27 (13.38)	21.13 (12.85)	19.67 (12.86)	.61	.72

Anmerkung. Range (ACQ, BSQ, MIB, MIA): 1-5. Range (BAI): 0-63. Niedrigere Werte stehen für eine geringere Ausprägung der Angst, höhere Werte für eine höhere Ausprägung der Angst.

6 Diskussion

6.1 Interpretation der Ergebnisse der Faktorenanalysen

In dieser Studie sollten die Veränderungsstufen des transtheoretischen Modells (TTM) für Panikpatienten in einer kognitiven Verhaltenstherapie nachgewiesen und ihr Zusammenhang zum Therapieerfolg ermittelt werden. Dazu wurde der Itempool zu den Veränderungsstufen bei chronischen Schmerzen von Maurischat (2002) übertragen auf den Bereich Panikstörung und Agoraphobie und gemäß der Einteilung von Velicer (2000) in drei intentionale (TTM1) und drei behaviorale (TTM2) Stufen untergliedert. Dabei wurde TTM1 zum Zeitpunkt der Anmeldung (t_0) und Aufnahme (t_1) und TTM2 zum Therapieende (t_2) und nach einer sechs monatigen Katamnese (t_3) ausgefüllt. Es wurden zwei randomisierte Teilstichproben (Stichprobe 1, Stichprobe 2) gebildet und mit diesen explorative und konfirmatorische Faktorenanalysen für TTM1 und TTM2 gerechnet. Die mit Stichprobe 1 berechneten explorativen Faktorenanalysen legten sowohl für TTM1 als auch TTM2 eine dreifaktorielle Lösung mit akzeptablen psychometrischen Kennwerten nahe. Dabei lieferten die orthogonale (Varimax) und schiefwinklige (oblique) Rotation nahezu Identische Itemkennwerte.

Die mit Stichprobe 2 gerechneten konfirmatorischen Faktorenanalysen konnten die beiden dreifaktoriellen Modelle verifizieren. Zwar waren aufgrund der im signifikanten Mardia-Test gezeigten Verletzungen der multivariaten Normalverteilung die Voraussetzungen der verwendeten Maximum-Likelihood (ML)-Methode nicht erfüllt, was zu einer Überschätzung des χ^2-Wertes führte. Durch die Berechnung eines Bollen-Stine-Bootstraps (1000 Modelle) konnte dies allerdings kompensiert werden und ein korrigierter p-Wert für den χ^2-Test ermittelt werden. Sowohl die inkrementellen als auch die absoluten Fit-Indizes erreichten Werte, die eine hohe Abweichung zum Null-Modell bzw. eine gute Passung an das saturierte Modell implizieren. Allerdings war die Stichprobe klein ($N = 96$). Je größer die Stichprobe, desto höher die Wahrscheinlichkeit signifikanter Effekte (Bortz & Döring, 2002). Bei optimaler Stichprobengröße könnte der χ^2-Wert signifikant werden und keine ausreichende Passung zwischen den Modellen implizieren, was bei Replikationen der Studie Berücksichtigung finden sollte.

Somit ergab sich ein Fragebogen mit den sechs Subskalen Sorglosigkeit, Bewusstwerden, Vorbereitung, Handlung, Aufrechterhaltung und Stabilität. Da in den explorativen Faktorenanalysen sowohl die Varimax als auch oblique Rotation wie auch die mit Stichprobe 2 gerechneten konfirmatorischen Faktorenanalysen eine identische Faktorenstruktur lieferten, konnte dem Fragebogen eine hohe faktorielle Validität zugesprochen werden. Diese wird definiert über die Wahrscheinlichkeit, mit der die aus Dimensionsanalysen resultierende Faktoren-struktur unter Verwendung verschiedener statistischer Verfahren und in unterschiedlichen Stichproben Gültigkeit hat (Bühner, 2006).

Nach dem hier verwendeten dimensionalen Ansatz sollte jede Person zu jedem Zeitpunkt in jeder Veränderungsstufe eine Ausprägung haben (Maurischat, 2002; Sutton, 2000). Demnach könnten sämtliche Veränderungsstufen potentiell zu einem Messzeitpunkt erfasst werden. Die Items zu den intentionalen und behavioralen Stufen wurden in dieser Studie allerdings zu unterschiedlichen Messzeitpunkten erfasst. Damit konnten mögliche Interkorrelationen zwi-schen frühen und späten Stufen nicht ermittelt werden, die eventuell einen Einfluss auf die Faktorenstruktur haben könnten. Da aber sowohl in Kerns et al. (1997) als auch Maurischats (2002) Studien mit Schmerzpatienten keine Interkorrelationen zwischen den Skalen zu intentionalen und behavioralen Stufen vorlagen, scheinen Zusammenhänge zwischen frühen und späten Stufen auch bei dem auf Agoraphobie und Panikstörung übertragenen Itempool unwahrscheinlich. Um dies empirisch eindeutig abzusichern, sollten zukünftige Studien die Faktorenstruktur hinter dem gesamten, zu einem Zeitpunkt ausgefüllten Itempool ermitteln.

6.2 Interpretation der Ergebnisse der Regressionsanalysen

Es wurde vermutet, dass die Ausprägungen bzw. die Veränderungen in den einzelnen Verän-derungsstufen Prädiktoren für die Ausprägung der Angstmaße zum Zeitpunkt der Katamnese sechs Monate nach der Therapie darstellen. Um dies zur ermitteln, wurden schrittweise multi-ple lineare Regressionen der Angstmaße (ACQ, BSQ, MIB, MIA und BAI) zu t_3 auf die TTM -Skalen und deren Differenzwerte gerechnet. Sowohl die Skalenmittelwerte zu t_1 und t_2 als auch die Differenzen der Skalenmittelwerte zu t_1 und t_0 sowie t_3 und t_2 wurden zusammen mit den Autoregressoren als Prädiktoren für die Angstmaße zu t_3 verwendet. Die Subskala Stabili-tät, die Differenz der Subskala Aufrechterhaltung zu t_3 und t_2 sowie die Differenz der Sub-skala Stabilität zu t_3 und t_2 klärten signifikant verschieden von Null Kriteriumsvarianz der verschiedenen Angstmaße auf.

Um die Ergebnisse der Regressionsanalyse sinnvoll interpretieren zu können, musste nach-gewiesen werden, dass sich die Angstsymptome im Therapieverlauf tatsächlich verändern. Dazu wurden die Effektstärken der Angstskalen berechnet. Da als Kriterien der Regressions-analysen die Angstmaße zu t_3 verwendet wurden, sollen die Effektstärken zwischen Auf-nahme und Katamnese genauer betrachtet werden. Hier zeigten sich Werte von $.54 \leq ES_{\text{prä}} \leq$

.79. Nach Cohens (1988) Einteilung in kleine ($d = .20$), mittlere ($d = .50$) und große ($d = .80$) Prä-Post-Effektstärken können die Veränderungen im kognitiven (ACQ: $Es_{prä} = .62$) und im Verhaltensbereich (MIB: $Es_{prä} = .54$, MIA: $Es_{prä} = .63$) als mittlere und die Veränderungen der Angst vor körperlichen Symptomen (BSQ: $Es_{prä} = .79$, BAI: $Es_{prä} = .72$) als annähernd große Effektstärken interpretiert werden. In Meta-Analysen konnten wesentlich größere Effekt-stärken ermittelt werden. So berechneten Cox, Endler und Lee (1992) bei Angstmaßen durch-schnittliche Effektstärken von $d = 1.50$ und Mitte (2005) durchschnittliche Effektstär-ken von $d = .87$. Möglicherweise ist dieser Unterschied auf den Vergleich der Post-Treatment-Gruppe mit Placebo-Gruppen in den Meta-Analysen im Gegensatz zum Vergleich mit der Prä-Treat-ment-Gruppe in dieser Studie zurückzuführen. Es könnte aber auch daran liegen, dass in den Meta-Analysen nur Efficacy-Studien integriert wurden, hier aber eine Effectiveness-Studie vorliegt.

Möglicherweise können die Regressionseffekte der behavioralen Skalen durch den Einfluss von Moderatorvariablen erklärt werden. So könnten Unterschiede in der Höhe der Angst-symptomatik zu Therapiebeginn oder in soziodemographischen Variablen diese Effekte erklären. Um dies zu ermitteln, wurden durch Median-Split Subgruppen mit höheren /niedri-geren Werten bei der Subskala Stabilität sowie bei den Differenzwerten der Subskalen Aufrechterhaltung und Stabilität gebildet. Es zeigten sich keine signifikanten Unterschiede zwischen den Subgruppen bezüglich der Angstmaße zu t_0 und t_1. Außerdem wurden in den Regressionsanalysen die Autoregressoren in die Berechnung aufgenommen, wobei die Effekte der behavioralen Skalen signifikant blieben. Daraus kann geschlussfolgert werden, dass der anfängliche Schweregrad der Störung keine Moderatorvariable für die signifikanten Prädiktoreffekte der TTM-Skalen auf die Intensität der Angst zu t_3 darstellt. Bezüglich der soziodemographischen Angaben zeigten sich keine signifikanten Unterschiede zwischen den Subgruppen bei der Subskala Stabilität und bei den Differenzwerten der Subskala Aufrecht-erhaltung . Für die Differenzwerte der Subskala Stabilität zeigte sich ein signifikanter Unter-schied ($p < .05$) zwischen den Subgruppen bezüglich Anzahl der Kinder. Die Subgruppe mit positiven Veränderungswerten war signifikant häufiger kinderlos. Inhaltlich ist dieser Zusam-menhang schwer zu interpretieren. Wahrscheinlich ist er auf einen zufälligen Unterschied zurückzuführen, was bei der hohen Anzahl der Berechnungen plausibel erscheint.

Bei genauerer Betrachtung der Items wird ersichtlich, warum die Subskala Stabilität sowie die Veränderungen der Subskalen Aufrechterhaltung und Stabilität bedeutsame Prädiktoren für die Angstsymptome zum Katamnesezeitpunkt darstellten. Die Subskala Aufrechterhaltung beinhaltet Items wie „Vorschläge von anderen, wie ich besser mit meinen Ängsten und Panik-attacken leben kann, habe ich seit mehreren Monaten umgesetzt" (Item 32). Zu t_2 konnte die Ausprägung in diesem Item noch keine hohen Werte annehmen, da die Patienten die Strate-gien zur Bewältigung ihrer Angstsymptome gerade erst gelernt hatten. Wer aber bis zu t_3 seit mehreren Monaten Strategien zur Bewältigung seiner Ängste erfolgreich umsetzte, hatte zum einen höhere Veränderungswerte auf der Subskala und konnte zum anderen seine Angstsymp-tome stärker reduzieren. Demzufolge konnte er auch niedrigere Werte in den Angstskalen angeben. Ähnliches gilt für die Ausprägung und Veränderung auf der Subskala Stabilität. Diese beinhaltet Items wie „Meine Ängste und Panikattacken werden mein Leben nie mehr so beeinträchtigen, wie sie es früher getan haben" (Item 42). Wer zu Therapieende hohe Ausprä-gungen auf diesen Items angab und/oder im Verlauf der Katamnese solche Überzeugungen intensivierte, hatte die gelernten Angstbewältigungsstrategien wohl erfolgreicher eingesetzt und erlebte folglich auch weniger Angstsymptome. Die höchsten Prädiktorwerte der Subskala Stabilität sowie der Veränderungen der Subskalen Aufrechterhaltung und Stabilität zeigten sich beim BSQ, der Angstskala zu den körperlichen Symptomen (STA2: *beta* = -.42, AUF32: *beta* = -.15, STA32: *beta* = -.29). Dies könnte damit zusammenhängen, dass der BSQ die größte Effektstärke aufwies ($ES_{prä}$ = .79) und hier somit die größte Veränderung über den Therapieverlauf hinweg stattfand.

Die beiden Faktoren Aufrechterhaltung und Stabilität wiesen hoch signifikante Interkorrela-tionen auf (r = .34). Man kann somit vermuten, dass die beiden Veränderungsstufen stark überlappen. Einer anderen Interpretation zufolge messen die beiden Faktoren das gleiche Konstrukt auf verschiedenen Ebenen. Der Faktor Aufrechterhaltung könnte dabei die Verhal-tensebene repräsentieren und der Faktor Stabilität die kognitive Ebene beschreiben, wobei dieser dem Inhalt seiner Items nach stark mit dem Konstrukt Selbstwirksamkeit korreliert sein sollte. Damit wäre die Annahme eines dimensionalen Stufenmodells des TTM verletzt. Zur Klärung dieser Fragestellung sind weitere Studien notwendig.

Es stellt sich die Frage, warum nur die letzten beiden behavioralen Veränderungsstufen als signifikante Prädiktoren auf die Angstmaße wirksam waren. Die erste behaviorale Stufe, die Stufe der Handlung, erfasst Verhaltensweisen, die sich auf das Lernen von Angstbewälti-gungsstrategien beziehen (z.B. Item 27: „Ich lerne seit einigen Wochen verschiedene Strate-gien, um meine Ängste und Panikattacken zu beeinflussen"), nicht aber, ob diese auch erfolgreich und selbstständig eingesetzt werden. Dies erklärt, warum die Handlungsstufe keinen signifikanten Prädiktor auf die Angstmaße darstellt. Auf den intentionalen Stufen waren die Patienten möglicherweise schon zu t_0 weit vorangeschritten, da die Entscheidung zu einer stationären Psychotherapie ein gewisses Maß an Problembewusstsein voraussetzt. Somit wären hier generell hohe Ausprägungen bei Therapieanmeldung, geringere Varianzen zwischen den Patienten und geringere Veränderungen über den Therapieverlauf hinweg zu erwarten. Tatsächlich zeigte sich für die Patienten schon zu t_0 eine geringe Ausprägung in Sorglosigkeit ($M = 1.72$) und hohe Ausprägungen in Problembewusstsein ($M = 2.58$) und Vorbereitung ($M = 2.64$). Die Streuung der Werte zwischen den Patienten war für die intentionalen Stufen ($.31 \leq SD \leq .43$) signifikant geringer als für die behavioralen Stufen ($.38 \leq SD \leq .58$). Die mittleren Differenzwerte der intentionalen Stufen ($.11 \leq \left| M_{Diff} \right| \leq .19$) waren signifikant kleiner als die der behavioralen Stufen ($.05 \leq \left| M_{Diff} \right| \leq .53$), auch wenn letztere eine höhere Streuung aufwiesen. Neben dieser eher statistischen Interpretation ist allerdings auch denkbar, dass die intentionalen Stufen weniger Einfluss auf den Ausgang einer erfolgreichen Therapie haben als die behavioralen Stufen. Frühe, intentionale Prozesse wie die intensive theoretische Auseinandersetzung mit einem Problem könnten weniger Einfluss auf den Erfolg einer Therapie ausüben als die späten Prozesse der behavioralen Stufen, die zielrelevantere Elemente wie die selbstgesteuerte Ausübung der Angstbewältigungsstrategien beinhalten.

6.3 Einordnung in den aktuellen Forschungsstand

Seit Mitte der 70er Jahre ist ein zunehmendes Interesse an Forschung zu Gesundheitsverhalten zu verzeichnen, wobei in dieser Zeit verschiedene Erklärungsmodelle entwickelt wurden. Hierzu gehört auch das Transtheoretische Modell (TTM) von Prochaska und DiClemente (1982), ein Modell intentionaler Verhaltensänderung welches aus Ergebnissen der vergleichenden Psychotherapieforschung bei Nikotinabhängigkeit abgleitet wurde. Zu dem dort beschriebenen stufenförmigen Prozess der Verhaltensänderung sind in den letzten 20 Jahren vor allem im englischsprachigen Raum über 1000 Studien publiziert worden (Bunton et al., 2000). Da das TTM aus Beobachtungen der Raucherentwöhnung abgeleitet wurde, liegen zu diesem Bereich mit über 100 Publikationen die meisten empirischen Arbeiten vor (Maurischat, 2002). Außerdem wurde das TTM in verschiedenen anderen Bereichen des Gesundheitsverhaltens genauer untersucht. Dazu gehören Substanzmissbrauch (u.a. Belding et al., 1995), Übergewicht (u.a. Greene et al., 1994), Stressmanagement (u.a. Velicer et al., 1998) und chronischen Schmerzen (Kerns et al., 1997, Maurischat, 2002). Im deutschsprachigen Raum liegen bisher kaum Publikationen zu diesem Bereich vor. So konnten in einer Literaturrecherche in den Datenbanken Medline und Psycinfo mit den Stichworten „Transtheoretisches Modell", „Veränderungsstufen" und „stages of change" 41 Arbeiten ausfindig gemacht werden. Außerdem lagen keine Studien vor, die die Stufen des TTM bei Panikstörung und Agoraphobie untersuchten. Dies sollte in der vorliegenden Unter-suchung nachgeholt werden. Dabei konnten in einer verhaltenstherapeutischen Psychothera-piestudie alle sechs Veränderungsstufen (Sorglosigkeit, Bewusstwerden, Vorbereitung, Handlung, Aufrechterhaltung und Stabilität) des TTM für Panikstörung und Agoraphobie nachgewiesen werden. Somit scheint auch die Verhaltensänderung im Angstbereich auf einem stufenförmigen Prozess aufzubauen. Wie in Abschnitt 2.2.3 genauer beschrieben, scheint es wahrscheinlich, dass sich die einzelnen Stufen überlappen, womit dimensionale Ansätze die adäquate Methode zur Ermittlung dieser Stufen darstellen. Die behavioralen Stufen Aufrecht-erhaltung und Stabilität waren außerdem signifikante Prädiktoren für die Angstreduktion in der Katamnese. Eine Validierung der Skalen zu den Veränderungsstufen war im Rahmen dieser Studie nicht möglich, jedoch können die signifikanten Prädiktoreffekte der behavio-ralen Skalen auf die Angstmaße als erste Indikatoren für die Messgenauigkeit der Skalen dienen. Zukünftige Arbeiten sollten die konvergente und divergente Validität durch Korrela-tionsberechnungen mit zu den jeweiligen Stufen konstruktnahen und fernen Messinstrumen-ten ermitteln sowie Objektivität, Reliabilität und Normwerte berechnen. Um den praktischen Nutzen des TTM für Agoraphobie und Panikstörung zu demonstrieren, sind zukünftige Interventionen notwendig, die sich direkt aus den Veränderungsstufen ableiten und auf die jeweilige Stufe zugeschnitten sind, in welcher sich der Patient gerade befindet.

Im Gegensatz zu Kerns et al. (1997) und Maurischat (2002), die bei Schmerzpatienten nur vierfaktorielle Lösungen (Sorglosigkeit, Bewusstwerden bzw. Vorbereitung, Handlung, Aufrechterhaltung) fanden, konnten hier alle sechs Veränderungsstufen des TTM nachgewiesen werden. Dies ist umso erstaunlicher, wenn man bedenkt, dass in dieser Studie der identische Itempool wie bei Maurischat (2002) verwendet wurde, nur dass dieser von Schmerz auf Panikstörung und Agoraphobie übertragen wurde. Es könnte damit zusammen-hängen, dass sich das Durchlaufen der Stufen bei Panikpatienten qualitativ von Schmerz-patienten unterscheidet. So könnte bei Panikpatienten eine klarere Trennung zwischen den Stufen Bewusstwerden und Vorbereitung bestehen, wohingegen bei Schmerzpatienten diese beiden Stufen stärker ineinander übergehen. Dies würde erklären, warum die Items zu diesen beiden Stufen bei Kerns et al. (1997) und Maurischat (2002) auf demselben Faktor luden. Bei Panikpatien-ten konnte im Gegensatz zu Schmerzpatienten auch die Stufe der Stabilität nach-gewiesen werden. Dies könnte damit zusammenhängen, dass Panikpatienten diese Stufe schneller erreichen und dadurch in der vorliegenden Therapiestudie schon Hinweise auf ein Erreichen von Stabilität gefunden werden konnten. Es könnte allerdings auch sein, dass bei Schmerzpatienten diese Stufe nicht existiert. So postuliert Keller (1999), dass bei einigen Verhaltensbereichen maximal die Stufe der Aufrechterhaltung erreicht werden kann, da lebenslang aktive Maßnahmen der Rückfallprophylaxe ausgeübt werden müssen. So wird sich der trockene Alkoholiker sein ganzes Leben lang mit möglichen Rückfallsituationen aus-einandersetzen und aktiv die erworbenen Strategien anwenden müssen. Ähnlich könnte es auch bei chronischem Schmerz sein. Dieser verschwindet fast nie vollständig und bedarf des lebenslangen aktiven Umgangs. Um diesen Sachverhalt eindeutig zu klären, sind Längs-schnittstudien über einen Zeitraum von mehreren Jahre notwendig.

Ursprünglich wurde von einem kategorialen Ansatz ausgegangen, der keine Überlappungen bei den Veränderungsstufen zulässt (Prochaska & Di Clemente, 1982). Andere Autoren postulieren einen dimensionalen Ansatz, bei welchem die Anordnung der Veränderungsstufen auf sechs Achsen in einem multidimensionalen Raum Interkorrelationen ermöglicht (Sutton, 1996; siehe Abschnitt 2.2.3). Die Befunde dieser Studie sowie jene von Kerns et al. (1997) und Maurischat (2002) liefern weitere Belege für einen dimensionalen Ansatz. So luden bei Schmerzpatienten die Items zu Bewusstwerden und Vorbereitung auf demselben Faktor, so dass diese zu einer Stufe zusammengefasst werden mussten. Bei Panikpatienten hingegen konnten hier zwei separate Stufen mit niedrigen Interkorrelationen ($r = .13$) und guten psychometrischen Kennwerten ($\alpha > .70$) identifiziert werden. Dies spricht dafür, dass bei der Verhaltensänderung die beiden Stufen Bewusstwerden und Vorbereitung tatsächlich durchlaufen werden und je nach Verhaltensbereich mehr oder weniger stark überlappen. Dies ist mit einem kategorialen Modell nicht vereinbar.

6.4 Zusammenfassende Diskussion und Ausblick

Es sollten die Veränderungsstufen des transtheoretischen Modells (TTM) für Panikpatienten in einer kognitiven Verhaltenstherapie nachgewiesen und ihr Zusammenhang zum Therapieerfolg ermittelt werden. Explorative und konfirmatorische Faktorenanalysen konnten die Skalen zu den sechs Veränderungsstufen des TTM mit akzeptablen psychometrischen Kennwerten nachweisen. Die behavioralen Stufen waren signifikante Prädiktoren für den Therapieerfolg, was einen ersten Nachweis der Validität der ermittelten Skalen darstellt. Die Befunde sprechen für eine dimensionale Repräsentation der Veränderungsstufen.

Die Replikation der Ermittlung der Faktorenstruktur mit dem zu einem einzigen Messzeitpunkt vollständig ausgefüllten Itempool und einer größeren Stichprobe scheint sinnvoll. Zukünftige Studien sollten Objektivität, Reliabilität, Validität und Normwerte der Skalen berechnen. Weiter sollte der praktische Nutzen des TTM für Agoraphobie und Panikstörung durch Implementierung von Interventionen, die sich direkt aus den Veränderungsstufen ableiten, ermittelt werden. Außerdem sollte die Diskussion um eine kategoriale versus dimensionale Repräsentation der Veränderungsstufen empirisch eindeutig geklärt werden.

7 Literatur

Agras, W. S., Leitenberg, H. & Barlow, D. H. (1968). Social reinforcement in the modification of agoraphobia. *Archives of General Psychiatry*, 19, 423-427.

American Psychiatric Association (Hrsg.) (1980). *Diagnostic and Statistical Manual of Mental Disorders, Third Edition. DSM-III*. Washington, D.C.: American Psychiatric Press.

American Psychiatric Association (Hrsg.) (2000). *Diagnostisches und Statistisches Manual Psychischer Störungen – Textversion. DSM-IV-TR*. Deutsche Bearbeitung von H. Saß, H. U. Wittchen, M. Zaudig, & I. Houben.Göttingen: Hogrefe.

Angst, J., Dobler-Mikola, A. (1985a). The Zürich study. V. Anxiety and phobia in young adults. *European Archives of Psychiatry and Neurological Sciences*, 235, 171-178.

Angst, J., Dobler-Mikola, A. (1985b). The Zürich study. VI. A continuum from depression to anxiety disorders? *European Archives of Psychiatry and Neurological Sciences*, 235,179-186.

Arbuckle, L. (2005). *AMOS 6 [Computer Software]*. Betlehem Pike: Amos Development Corporation.

Armengol, L., Gratacòs, M., Pujana, M. A., Ribasés, M., Martín-Santos, R. & Estivill, X. (2002). 5′ UTR-region SNP in the NTRK3 gene is associated with panic disorder. *Molecular Psychiatry*, 7, 928-930.

Backhaus, K., Erichson, B., Wulff, P. & Weiber, R. (2006). *Multivariate Analysemethoden: Eine anwendungsorientierte Einführung* (11.Aufl.). Berlin, Heidelberg, New York: Springer.

Barlow, D. H. (1988). *Anxiety and its disorders: The nature and treatment of anxiety and panic*. New York: Guilford.

Barlow, D. H. & Waddell, M. T. (1985). Agoraphobia. In Barlow D. H. (Hrsg.) *Clinical Handbook of Psychological Disorders* (S.156-183). New York: Guilford.

Barlow, D. H. (1999). *NIMH collaborative trial on the treatment of panic disorder.* Paper presented at the annual convention of the Association for Advancement of Behavior Therapy, Toronto.

Beck, A. T., Emery, G., Greenberg, R. L. (1985). *Anxiety disorders and phobias – A cognitive perspective.* New York: Basic Books.

Beck, A. T., Epstein, N., Brown, G. & Steer, R.A. (1988). An inventory for measuring clinical anxiety: psychometric properties. *Journal of Consulting and Clinical Psychology, 56,* 893-897.

Beck A. T. & Steer, R. A. (1991). Relationship between the Beck Anxiety Inventory and the Hamilton Rating Scale with anxious outpatients. *Journal of Anxiety Disorders, 5,* 213-223.

Beck A. T. & Steer, R. A. (1993). *Beck Anxiety Inventory Manual.* San Antonio: The Psychological Corporation.

Belding, M. A., Iguchi, M. Y., Lamb, R. J., Lakin, M. & Terry, R. (1995). Stages and processes of change among polydrug users in methadone maintenance treatment. *Drug and Alcohol Dependence, 39,* 45-53.

Bortz, J. & Döring, N. (2002). *Forschungsmethoden und Evaluation.* Berlin: Springer-Verlag.

Bowlby, J. (1973). *Separation.* New York: Basic Books.

Brosius, F. (2002). *SPSS 11.* Bonn: mitp Verlag.

Brown, T. A. & Cash, T. F. (1990). The phenomenon of nonclinical panic: Parameters of panic, fear and avoidance. *Journal of Anxiety Disorders, 4,* 15-29.

Bühner, M. (2006). *Einführung in die Test- und Fragebogenkonstruktion* (2. aktualisierte Aufl.). München: Pearson Studium.

Bunton, R., Baldwin, S., Flynn, D. & Whitelaw, S. (2000). The „stages of change" model in health promotion: Science and Ideology. *Critical Public Health*, 10, 55-70.

Cannon, W. B. (1929). *Bodily changes in pain, hunger, fear and rage: An account of recent research into the function of emotional excitement* (2. aktualisierte Aufl.). New York: Appleton-Century-Crofts.

Chambless, D. L., Caputo, G. C., Bright, P. & Gallagher, R. (1984). Assessment of fear in agoraphobics: The Body Sensation Questionnaire and the Agoraphobic Cognitions Questionnaire. *Journal of Consulting and Clinical Psychology*, 52, 1090-1097.

Chambless, D. L., Caputo, G. C., Jasin, S. E., Gracely, E. J. & Williams, C. (1985). The mobility inventory for agoraphobia. *Behaviour Research and Therapy*, 23, 35-44.

Chambless, D. L. & Gracely, E. J. (1989). Fear of fear and the anxiety disorders. *Cognitive Therapy and Research*, 13, 9-20.

Charney, D. S., Heninger, G. R. & Redmond D. E. Jr. (1983). Yohimbine induced anxiety and increased noradrenergic function in humans: effects of diazepam and clonidine. *Life Science*, 33, 19-29.

Charney, D. S., Woods, S. W., Goodman, W. K., & Heninger, G. R. (1987). Neurobiological mechanisms of panic anxiety: biochemical and behavioral correlates of yohimbine-induced panic attacks. *American Journal of Psychiatry*, 144, 1030-1036.

Clark, D. M. (1986). A cognitive approach to panic. *Behaviour Research and Therapy*, 24, 461-470.

Cloos, J. M. (2005). The treatment of panic disorder. *Current opinion in Psychiatry*, 18, 45-50.

Cohen, J. (1988). *Statistical power analysis for the behavioral sciences*. Hillsdale: Erlbaum.

Cox, B. J., Endler, N. S. & Lee, P. S. (1992). A meta-analysis of treatments for panic disorder with agoraphobia: Imipramine, Alprazolam and In Vivo Exposure. *Journal of Behavior Therapy and Experimental Psychiatry*, 23, 175-182.

Craske, M. G., Rachman, S. J. & Taliman, K. (1986). Mobility, cognitions and panic. *Journal of Psychopathology and Behavioral Assessment*. 8, 199-210.

Creamer M., Foran, J. & Bell, R. (1995). The Beck Anxiety Inventory in a non-clinical sample. *Behaviour Research and Therapy*, 33, 477-485.

Cross-National Collaborative Panic Study (1992). Second phase investigators. Drug treatment of panic disorder: Comparative efficacy of alprazolam, imipramine and placebo. *Brittish Journaln of Psychiatry*, 160, 191-202.

Crowe, R. R. (1990). Panic Disorder: Genetic Considerations. *Journal of Psychiatric Research*. 24, 129-134.

Crowe, R. R., Noyes, R., Pauls, D. L. & Slymen, D. (1983). A family study of panic disorder. *Archives of General Psychiatry*, 40, 1065-1069.

Crowe, R. R., Noyes, R., Samuelson, S., Werner, R. B., & Wilson, R. (1990). Close linkage between panic disorder and alpha-haptoglobin excluded in 10 families. *Archives of General Psychiatry*, 47, 377-380.

Cunningham, L. A., Borison, R. L., Carman, J. S., Chouinard, G., Crowder, J. E., Diamond, B. I., Fischer, D. E. & Hearst, E. (1994). A comparison of venlafaxine, trazodone and placebo in major depression. *Journal of Clinical Psychopharmacology*, 14, 99-106.

Darwin, C. (1862). *Die Entstehung der Arten*. Leipzig: Reclam.

Deakin, J. W. F. & Graeff, F. G. (1991). 5-HT and mechanisms of defence. *Journal of Psychopharmacology*, 5, 305-315.

De Beurs E., Wilson, K.A., Chambless, D.L., Goldstein, A.J., & Feske (1997). Convergent and divergent validity of the Beck Anxiety Inventory for patients with panic disorder and agoraphobia. *Depression and Anxiety*, 6, 140-146.

DiClemente, C. C., Prochaska, J. O., Fairhurst, S. K., Velicer, W. F., Velasquez, M. M. & Rossi, J. S. (1991). The process of smoking cessation: An analysis of   precontemplation, contemplation and preparation stages of change. *Journal of   Consulting   and Clinical Psychology*, 59, 295-304.

Dijkstra, A.,Vlaeyen, J. W. S., Rijnen, H. & Nielson, W. (2001). Readiness to adopt the selfmanagement approach to cope with chronic pain in fibromyalgic patients. *Pain*, 90,37-45.

Dilling, H., Mombour, W., Schmidt, M. H., Schulte-Markwort, E. (Hrsg.). (1994).   *Internationale Klassifikation psychischer Störungen ICD-10*. Göttingen:Verlag Hans   Huber.

Ehlers, A. (1993). Somatic symptoms and panic attacks: A retrospective study of learning experiences. *Behavior Research and Therapy*, 31, 269-278.

Ehlers, A. & Breuer, P. (1992). Increased cardiac awareness in panic disorder. *Journal of Abnormal Psychology*, 101, 371-382.

Ehlers, A. & Margraf, J. (1989). The psychophysiological model of panic attacks. In P.M.G. Engelkamp, W. Everaerd, F. Kraaymaat, M. van Son (Hrsg.), *Anxiety Disorders* (S.34-41). Amsterdam: Swets.

Ehlers, A., Margraf, J. & Chambless, D. (2001). *Fragebogen zu körperbezogenen Ängsten, Kognitionen und Vermeidung (AKV)* (2.Aufl.). Göttingen: Beltz.

Ehlers, A., Margraf, J., Roth, W. T., Taylor, C. B. & Birbaumer, N. (1988). Anxiety induced by false heart rate feedback in patients with panic disorder. *Behaviour Research and Therapy*, 26, 1-11.

Fecht, J., Heidenreich, T., Hoyer, J., Lauterbach, W. & Schneider, R. (1998). Veränderungsstadien bei stationärer Alkoholentwöhnungsbehandlung-Probleme der Diagnostik. *Verhaltenstherapie und psychosoziale Praxis*, 30, 403-419.

Fiegenbaum, W. (1988). Long-term efficacy of ungraded versus graded massed exposure in agoraphobia. In I. Hand & H. U. Wittchen (Hrsg.), *Panic and Phobias 2* (S.123-137). Berlin: Springer.

Foa, E. B. (1988). What cognitions differentiate panic disorder from other anxiety disorders. In I. Hand & H. U. Witchen (Hrsg.), *Panic and Phobias 2* (S. 159-166). Berlin: Springer.

Förstl, H., Hautzinger, M. & Roth, G. (2006). *Neurobiologie psychischer Störungen*. Heidelberg: Springer Medizin Verlag.

Furukawa, T. A., Watanbe, N. & Churchill R. (2006). Psychotherapy plus antidepressants for panic disorder with or without agoraphobia: systematic review. *The British Journal of Psychiatry*, 188, 305-312.

Fydrich T., Dowdall, D. & Chambless, D.L. (1992). Reliability and validity of the Beck Anxiety Inventory. *Journal of the Anxiety Disorders*, 6, 55-61.

Fyer, A. J., Liebowitz, M. R., Gorman, J. M., Campeas, R., Levin, A., Davis, S. O., Goetz, D. & Klein, D. F. (1987). Discontinuation of alprazolam treatment in panic patients. *American Journal of Psychiatry*, 144, 303-308.

Goldstein, A. J. & Chambless, D. L. (1978). A reanalysis of agoraphobia. *Behavior Therapy*, 9, 47-59.

Gorman, J. M., Cohen, B. S. & Liebowitz, M. R. (1986). Blood gas changes and hypophosphatemia in lactate-induced panic. *Archives of General Psychiatry*, 43, 1067-1071.

Graeff, F. G., Silveira, M. C. L., Nogueira, R. L., Audi, E. A., Oliveira, R. M. W. (1993). Role of the amygdala and periaqueductal gray in anxiety and panic. *Behavioural Brain Research*, 58, 123-131.

Grawe, K., Donati, R. & Bernauer, F. (1994). *Psychotherapie im Wandel. Von der Konfession zur Profession*. Göttingen: Hogrefe.

Greene, G. W., Rossi, S. R., Willey, C., Prochaska, J. O. & Reed, G. R. (1994). Stages of change for reducing dietry fat to 30% of energy or less. *Journal of the American Dietetic Association*, 94, 1105-1110.

Greenstein, D. K., Franklin, M. E. & McGuffin, P. (1999). Measuring motivation to change: An examination of the University of Rhode Island Change Assessment Questionnaire (URICA) in an adolescent sample. *Psychotherapy*, 36, 47-55.

Griez, E. & van Hout, M. (1983). A single case study: Treatment of phobophobia by exposure to CO_2 induced anxiety symptoms. *Journal of Nervous Mental Disorders*, 171, 506-508.

Hand, I. (1993). Verhaltenstherapie bei Patienten mit Angsterkrankungen. In H.-J. Möller (Hrsg.), *Therapie psychiatrischer Erkrankungen* (S.231-244). Stuttgart: Enke.

Harris, E. L., Noyes, R., Crowe, R. R. & Chaudhry, D. R. (1983). Family study of agoraphobia. *Archives of General Psychiatry*, 40, 1061-1064.

Hartman, A. & Herzog, T. (1995). Varianten der Effektstärkenberechnung in Meta-Analysen: Kommt es zu variablen Ergebnissen? *Zeitschrift für klinische Psychologie*, 24, 337-343.

Hitchcock, J. & Davis, M. (1986). Lesions of the amygdala but not of the cerebellum or red nucleus block conditioned fear as measured with the potentiated startle paradigm. *Behavioral Neuroscience*, 100, 11-22.

Hu, L. & Bentler, P. M. (1998). Fit indices in covariance structure modeling: Sensitivity to underparameterized model misspecification. *Psychological Methods*, 3, 424-453.

Jacobson, N. S. & Truax, P. (1991). Clinical Significance: a statistical approach to defining meaningful change in psychotherapy research. *Journal of Consulting and Clinical Psychology*, 59, 12-19.

Jensen, M. P. (1996). Enhancing motivation to change in pain treatment. In R. J. Gatchel & D. C. Turk (Hrsg.), *Psychological approaches to pain management: A practitioner's handbook* (S. 78-111). New York: The Guilford Press.

Kahn, R. S. & van Praag, H. M. (1991). Panic disorder: a biological perspective. *European Neuropsychopharmacology*, 2, 1-20.

Keller, S. (1999). *Motivation zur Verhaltensänderung: Das Transtheoretische Modell in Forschung und Praxis.* Freiburg im Breisgau: Lumbertus-Verlag.

Kerns, R. D., Haythornthwaite, J., Rosenberg, R., Southwick, S., Giller, E. L. & Jacob, M. C. (1991). The pain behavior check list (PBCL): Factor structure and psychometric properties. *Journal of Behavioral Medicine*, 14, 155-167.

Kerns, R. D. & Rosenberg, R. (2000). Prediction responses to self-management treatments for chronic pain: application of the pain stages of change model. *Pain*, 84, 49-55.

Kerns, R. D., Rosenberg, R., Caudill,, M. A. & Haythornthwaite, J. (1997). Readiness to adopt a self-management approach to chronic pain: the Pain Stages of Change Questionaire (PSOCQ). *Pain*, 72, 227-234.

Kinney, P. J. & Williams, S. L. (1988). Accuracy of fear inventories and self-efficacy scales in predicting agoraphobic behavior. *Behaviour Research and Therapy*, 26, 513-518.

Kline, R. B. (2005). *Principles and Practice of Structural Equation Modeling* (2. Aufl). New York: The Guilford Press.

Kluver, H. & Bucy, P. C. (1939). Preliminary analysis of the temporal lobes in monkeys. *Archives of Neurology and Psychiatry*, 42, 979-1000.

Kolb, B. & Whishaw, I. (2001). *An introduction to brain and behavior*. New York: Worth Publishers.

LaBar, K. S., LeDoux, J. E., Spencer, D. D. & Phelps, E. A. (1995). Impaired fear conditioning following unilateral temporal lobectomy in humans. *Journal of Neurosciences*, 15, 6846-6855.

Laux, G., Dietmaier, O. & König, W. (2001). *Pharmakopsychiatrie*. München: Urban & Fischer Verlag.

LeDoux, J. E. (2000). Emotion circuits in the brain. *Annual Review of Neurosciences*, 23, 155-184.

LeDoux, J. D. (2001). *Das Netz der Gefühle: Wie Emotionen entstehen*. München: Deutscher Taschenbuch Verlag.

LeDoux, J. E., Cicchetti, P., Xagoraris, A. & Romanski, L. M. (1990). The lateral amygdaloid nucleus: Sensory interface of the amygdala in fear conditioning. *Journal of Neuroscience*, 10, 1062-1069.

Lewis, B. I. (1959). Hyperventilation syndrome. A clinical and physiological evaluation. *California Medicine*, 91, 121-126.

Liotti, G. (1991). Insecure attachment and agoraphobia. In C.M. Parkes, J. Stevenson-Hinde & P. Marris (Hrsg.), *Attachment across the life cycle* (S.181-197). New York: Tavistock/Routledge.

Lovick, T. A. (2000). Panic Disorder – a malfunction of multiple transmitter control systems within the midbrain periaqueductal gray matter?. *The Neuroscientist*, 6, 48-59.

Maier-Riehle, B. & Zwingmann, C. (2000). Effektstärkevarianten beim Eingruppen-Prä-Post-Design: Eine kritische Betrachtung. *Rehabilitation*, 39, 189-199.

Malizia, A. L., Cunningham, V. J., Bell, C. J., Liddle, P. F., Jones, T., Nutt, D. J., (1998). Decreased brain GABA$_A$-benzodiazepine receptor binding in Panic Disorder. *Archives of General Psychiatry*, 55, 715-720.

Maren, S., Aharonov, G. & Fanselow, M. S. (1997). Neurotoxic lesions of the dorsal hippocampus and Pavlovian fear conditioning in rats. *Behavior Brain Research*, 88, 261-274.

Maren, S. & Fanselow, M. S. (1995). Synaptic plasticity in the basolateral amygdala induced by hippocampal formation stimulation in vivo. *Journal of Neuroscience*, 15, 7548-7564.

Margraf, J. (1988). Psychophysiologische Untersuchungen bei Panikanfällen. In Hippius, H., Ackenheil, M. & Engel, R. (Hrsg.) *Angst – Leitsymptom psychiatrischer Erkrankungen* (S.67-88). Berlin: Springer.

Margraf, J.& Ehlers, A. (2007). *Beck Angst-Inventar Manual.* Frankfurt: Harcourt Test Services.

Margraf, J. & Schneider, S. (1990). *Panik – Angstanfälle und ihre Behandlung* (zweite überarbeitete Aufl.). Berlin: Springer.

Margraf, J. & Schneider, S. (2000). Paniksyndrom und Agoraphobie. In J. Margraf (Hrsg.), *Lehrbuch der Verhaltenstherapie* (Band 2) (S.211-245). Berlin: Springer.

Margraf, J., Taylor, C. B., Ehlers, A., Roth, W. T., Agras, W. S. (1987). Panic attacks in the natural environment. Journal of Nervous and Mental Disease, 175, 558-565.

Marks, I. M. (1970). The classification of phobic disorders. *British Journal of Psychiatry*, 116, 377-386.

Marks, I. M. (1987). *Fears, Phobias and Rituals. Panic, Anxiety and their Disorders.* New York: Oxford University Press.

Marks, I. M. (1993). Gegenwärtiger Stand von Reizkonfrontation ("Exposure") und Reizüberflutung ("Flooding"). *Verhaltenstherapie*, 3, 53-55.

Marks, I. M. & Herst, E. R. (1970). A survey of 1200 agoraphobics in Britain. *Social Psychiatry*, 5, 16-24.

Marks, I. M. & Mathews, A. M. (1979). Brief standard self-rating for phobic patients. *Behaviour Research and Therapy*, 17, 263-267.

Martin, N. G., Jardine, R. Andrews, G. & Heath, A. C. (1988). Anxiety disorders and neuroticism: Are there genetic factors specific to panic? *Acta Psychiatrica Scandinavica*, 77, 698-706.

Maurischat, C. (2002). *Konstruktion und psychometrische Testung eines Fragebogens zur Erfassung der "Stages of Change" nach dem Transtheoretischen Modell bei chronischen Schmerzpatienten.* Unveröffentlichte Dissertation, Albert-Ludwigs- Universität zu Freiburg im Breisgau.

Maurischat, C., Härter, M. & Bengel, J. (2002). Der Freiburger Fragebogen – Stadien der Bewältigung chronischer Schmerzen (FF-STABS): Faktorenstruktur, psychometrische Eigenschaften und Konstruktvalidierung. *Diagnostica.*

Maurischat C., Härter, M. & Bengel, J. (2006). *Freiburger Fragebogen – Stadien der Bewältigung chronischer Schmerzen.* Göttingen: Hogrefe.

McConnaughy, E. A., Prochaska, J. O. & Velicer, W. F. (1983). Stages of change in psychotherapy: Measurement and sample profiles. *Psychotherapy: Theory, Research and Practice*, 20, 368-375.

McDonald, R. P. & Ho, M. H. R. (2002). Principles and practice in reporting structural equation analysis. *Psychological Methods*, 7, 64-82.

McNally, R. J.& Lorenz, M. (1987). Anxiety sensitivity in agoraphobics. *Journal of Behavior Therapy and Experimental Psychiatry*, 18, 3-11.

Mineka, S. (1985). Animal models of anxiety-based disorders: Their usefulness and limitations. In J. Maser & Tuma, A. (Hrsg.) *Anxiety and Anxiety Disorders* (S.324-341). Hillsdale, N.J.: Erlbaum.

Miserendino, M. J. D., Sananes, C. B., Melia, K. R. & Davis, M. (1990). Blocking of acquisition but not expression of conditioned fear-potentiated startle by NMDA antagonists in the amygdala. *Nature*, 345, 716-718.

Mitte, K. (2005). A meta-analysis of the efficacy of psycho- and pharmacotherapy in panic disorder with and without agoraphobia. *Journal of Affective Disorders*, 88, 27-45.

Möller, H. J., Laux, G. & Kapfhammer, H. P. (2003). *Psychiatrie & Psychotherapie*. Berlin: Springer.

Morschitzky, H. (1998). *Angststörungen – Diagnostik, Erklärungsmodelle, Therapie und Selbsthilfe bei krankhafter Angst*. Wien: Springer.

Mowrer, O. H. (1947). On the dual nature of learning – a reinterpretation of conditioning and problem solving. *Harvard Education Review*, 17, 304-308.

Myers, J. K., Weissman, M. M., Tischler, G. L., Holzer, C. E., Leaf, P. J., Orvaschel, H., Anthony, J. C., Boyd, J. H., Burke, J. D., Kramer, M. & Stoltzman, R. (1984). Six-month prevalence of psychiatric disorders in three communities. *Archives of General Psychiatry*, 41, 959-967.

Nicoll, R. A. & Malenka, R. C. (1995). Contrasting properties of two forms of long-term potentiation in the hippocampus. *Nature*, 377, 115-118.

Noyes, R., Crowe, R. R., Harris, E. L., Hamra, B. J., McChesney, C. M. & Caudhry, D. R. (1986). Relationship between panic disorder and agoraphobia. *Archives of General Psychiatry*, 43, 227-232.

Öst, L. G. (1987). Age of onset in different phobias. *Journal of Abnormal Psychology*, 96, 223-229.

Pauls, D. L., Crowe, R. R., & Noyes, R. (1979). Distribution of ancestral secondary cases in anxiety neurosis (panic disorder). *Journal of Affective Disorders*, 1, 287-290.

Pavlov, I. P. (1927). *Conditioned Reflexes*. New York: Dover.

Perna, G. Caldirola, D., Arancio, C. & Bellodi, L. (1997). Panic attacks: a twin study. *Psychiatry Research*, 66 (1), 69-71.

Peterson, R. A. & Reis, S. (1987). *Test manual for the Anxiety Sensitivity Index*. Orland Park, Ill.: International Diagnostic Systems.

Pitkänen, A., Savander, V. & LeDoux, J. L. (1997). Organization of intra-amygdaloid circuitries: an emerging framework for understanding functions of the amygdala. *Trends in Neuroscience*, 20, 517-523.

Prochaska, J. O. & DiClemente, C. C. (1982). Transtheoretical therapy: Towards a more integrative model of change. *Psychotherapy: Theory, Research and Practice*,19, 267-288.

Prochaska, J. O. & DiClemente, C. C. (1986). Toward a comprehensive model of change. In S. Shiffman & T. Wills (Hrsg.), *Treating addictive behaviors: Processes of change* (S.311-331). New York: Plenum Press.

Prochaska, J. O., DiClemente, C. C. & Norcross, J. C. (1992). In search of how people change. *American Psychologist*, 47, 1102-1114.

Prochaska, J. O., Velicer, W. F., Guadagnoli, E., Rossi, J. S. & DiClemente, C. C. (1991). Patterns of change: Dynamic typology applied to smoking cessation. *Multivariate Behavioral Research*, 26, 83-107.

Redmond, D. E., Jr. & Huang, Y. H. (1987). Current concepts II: New evidence for a locus coeruleus norepinephrine connection with anxiety. *Life Science*, 25, 2149-2162.

Reinecker, H. (1987). Differentielle Effekte der Vermittlung plausibler Ätiologie- und Änderungsmodelle. In D. O. Nutzinger, D. Pfersman, T. Welan & H. D. Zapotoczky (Hrsg.), *Herzphobie* (S.89-106). Stuttgart: Enke.

Reiss, S., Peterson, R.A., Gursky, D. M., & McNally, R. J. (1986). Anxiety sensitivity, anxiety frequency, and the prediction of fearfulness. *Behaviour Research and Therapy,* 24, 1-8.

Richardson, D. E., Akil, H. (1977). Pain reduction by electrical brain stimulation in man. Part 1: acute administration in periaqueductual and periventricular sites. *Journal of Neurosurgery,* 47, 178-183.

Rief, W. (1993). Stationäre Behandlung von Angst- und Panikpatienten: Darstellung eines Therapiekonzeptes. In F. Baumgärtel & H. Wilker (Hrsg.), *Klinische Psychologie im Spiegel der Praxis* (S.156-173). Bonn: Deutscher Psychologen Verlag.

Robins, L. N., Helzer, J. E., Weissman, M. M., Orvaschel, H., Gruenberg, E., Burke, J. D., Regier, D. A. (1984). Lifetime prevalence of specific psychiatric disorders in three sites. *Archives of General Psychiatry,* 41, 949-958.

Romanski, L. M., LeDoux, J. E., Clugnet, M. C. & Bordi, F. (1993). Somatosensory and auditory convergence in the lateral nucleus of the amygdala. *Behavior Neuroscience,* 107, 444-450.

Sable, P. (1994). Separation anxiety, attachment and agoraphobia. *Clinical Social Work Journal,* 22, 369-383.

Salkovskis, P. M. (1988). Phenomenology, assessment and the cognitive model of panic. In S. Rachman & J. Maser (Hrsg.), *Panic: Psychological perspectives* (S.131-145). Hillsdale, N.J.: Erlbaum.

Salkovskis, P.M. (1980). *The nature of, and interaction between, cognitive and physiological factors in panic attacks and their treatment.* Unveröffentlichte Dissertation, University of Reading.

Sanderson, W. C., Rapee, R. M. & Barlow, D. H. (1989). The influence of an illusion of control on panic attacks induced via inhalation of 5.5% carbon dioxide enriched air. *Archives of General Psychiatry*, 46, 157-162.

Schmitz, M. & Dorow, R. (1996). *1 x 1 der Psychopharmaka. Grundlagen, Standardtherapien und neue Konzepte* (2., erw. Aufl.). Berlin: Springer

Schneider, S. (1995). *Psychologische Transmission des Paniksyndroms*. Donauwörth: Auer.

Schneider, S. & Margraf, J. (1998). *Agoraphobie und Panikstörung. Fortschritte der Psychotherapie*. Göttingen: Hogrefe.

Seligman, M. E. P. (1971). Phobias and preparedness. *Behavior Therapy*, 2, 307-320.

Shih, R. A., Belmonte, P. L. & Zandi, P. P. (2004). A review of the evidence from family, twin and adoption studies for a genetic contribution to adult psychiatric disorders. *International Review of Psychiatry*, 16, 260-283.

Sinha, S., Papp, L. A. & Gorman, J. M. (2000). How study of respiratory physiology aided our understanding of abnormal brain function in panic disorder. *Journal of Affective Disorders*, 61, 191-200.

Skre, I., Onstad, S., Torgersen, S., Lygren, S. & Kringlen, E. (1993). A twin study of DSM-III-R anxiety disorders. *Acta Psychiatrica Scandinavica*, 88, 85-92.

Smith, M. L. Glass, G. V. & Miller, T. I. (1980). *The benefits of psychotherapy*. Baltimore, London: John Hopkins University Press.

Sutton, S. (1996). Can "stages of change" provide guidance in the treatment of addictions? A critical examination of Prochaska and DiClemente´s model. In G. Edwards & C. Dare (Hrsg.), *Psychotherapy, psychological treatments and the addictions* (S. 189-205). Cambridge: Press Syndicate of the University Cambridge

Sutton, S. (2000). A critical review of the transtheoretical model applied to smoking cessation. In P. Norman, C. Abraham & M. Conner (Hrsg.), *Understanding and changing health behavior: From health-beliefs to self-regulation* (S. 207-225).   Reading: Harwood Academic Press.

Telch, M. J., & Harrington, P. J. (2000). Anxiety sensitivity and expectedness of arousal in mediating affective response to 35% carbon dioxide inhalation. *Journal of Affective Disorders*, 61, 223-236.

Thorpe, G. L. & Burns, L. E. (1983). *The Agoraphobic Syndrome*. Chichester: Wiley.

Torgersen, S. (1983). Genetic factors in anxiety disorders. *Archives of General Psychiatry*, 40, 1085-1089.

U.S. Department of Health and Human Services (USDHHS), (1990). *The health benefits of smoking cessation*. Washington D.C.: U.S. Department of Health and Human Services.

Van Balkom, A., Bakker, A., Spinhoven, P., Blauuw, B., Smeenk, S. & Ruesink, B. (1997). A meta-analysis of the treatment of Panic Disorder with and without Agoraphobia: A comparison of psychopharmacological, cognitive-behavioral, and combination treatments. *The Chicago Journal of Nervous & Mental Disorder*, 185, 510-516.

Velicer, W. F. (2000). Theoretical background and current research perspectives of the Transtheoretical Model. *Journal of Consulting and Clinical Psychology*, 73, 178-201.

Velicer, W. F., Prochaska, J. O., Fava, J. L., Norman, G. J. & Redding, C. A. (1998). Smoking cessation and stress management: Applications of the transtheoretical model of behavior change. *Homeostasis*, 38, 216-233.

Wang, Z. W., Crowe, R. R. & Noyes, R. (1992). Adrenergic receptor genes as candidate genes for panic disorder. A linkage study. *American Journal of Psychiatry*, 149, 470-474.

Warren, R., Zgourides, G. & Englert, M. (1990). Relationship between catastrophic   cognitions and body sensations in anxiety disordered, mixed diagnosis and normal   subjects. *Behaviour Research and Therapy*, 28, 355-357.

Weissman, M. M. (1993). Family Genetic Studies of Panic Disorder. *Journal of Psychiatric Research*, 27, 69-78.

Weissman, M. M., Leaf, P. J., Blazer, D. G., Boyd, J. H., Florio, L. (1986). The relationship between panic disorder and agoraphobia: An epidemiologic perspective. *Psychopharmacology Bulletin*, 22, 787-791.

West, S. G., Finch, J. F. & Curran, P. J. (1995). Structural equation models with nonnormal variables: Problems and remedies. In R. H. Hoyle (Ed), *Structural equation modeling: Concepts, issues, and applications* (S. 56 – 75). Thousand Oaks, CA: Sage   Publications.

Wittchen, H. U. (1986). Epidemiology of panic attacks and panic disorder. In: Hand, I., Wittchen, H. U. (Hrsg.), *Panic and Phobias* (S.24-31). Berlin: Springer.

Wittchen, H. U. (1988). The natural course and outcome of anxiety disorders. What cases remit without treatment? In I. Hand & H. U. Wittchen (Hrsg.), *Panic and Phobias 2* (S.278-292). Berlin: Springer.

Wittchen, H. U. & Essau, C. A. (1993). Epidemiology of Panic Disorders: Progress and unresolved issues. *Journal of Psychiatric Research*, 27, 47-68.

Wolpe, J. (1958). *Psychotherapy by reciprocal inhibition*. Stanford, C. A.: Stanford   University Press.

Wolpe, J. (1987). Carbon dioxide inhalation treatment of neurotic anxiety. *Journal of Nervous Mental Disorders*, 3, 129-133.

Wolpe, J. & Rowan, V. C. (1988). Panic Disorder: A product of classical conditioning. *Behavior Research and Therapy*, 26, 441-450.

8 Anhang

Inhaltsverzeichnis

Anhang A – IDCL 85

Anhang B – Begleitschreiben Anmeldung 89

Anhang C – Einverständniserklärung 91

Anhang D – Begleitschreiben Katamnese 92

Anhang E – BAI 93

Anhang F – BSQ 94

Anhang G – ACQ 95

Anhang H – MI 96

Anhang I – TTM1 98

Anhang J – TTM2 101

Anhang K – Pfadmodell TTM1 103

Anhang L – Pfadmodell TTM2 104

Internationale Diagnose Checklisten für ICD-10 (IDCL): Panikstörung

A   **Wiederholte Panikattacken,**

	Nein	Ver-dacht	Ja

- die *nicht* auf eine spezifische Situation oder ein spezifisches Objekt bezogen sind
- und die oft *spontan* auftreten (d.h. die Attacken sind nicht vorhersehbar)

Beachten Sie: Panikattacken, wie hier definiert, dürfen nicht mit besonderer Anstrengung oder mit gefährlichen oder lebensbedrohlichen Situationen verbunden sein.

Nein	Ver-dacht	Ja
☐ ↓ Ende	☐	☐

B   **Ermitteln Sie die in den Panikattacken typischerweise auftretenden Symptome**

	Ver-dacht	Ja

Symptome autonomer Erregung

	Ver-dacht	Ja
(1) *Palpitationen*, Herzklopfen oder beschleunigter Puls	☐	☐
(2) Schweißausbrüche	☐	☐
(3) Fein- oder grobschlägiger *Tremor*	☐	☐
(4) *Mundtrockenheit* (nicht infolge Medikation oder Exsikkose)	☐	☐
Symptome in Brust oder Abdomen		
(5) Atembeschwerden	☐	☐
(6) Beklemmungsgefühl	☐	☐
(7) Schmerzen oder Missempfindungen in der *Brust*	☐	☐
(8) *Übelkeit* oder Missempfindungen im Abdomen (z.B. „Rumoren" im Magen)	☐	☐
Symptome des Bewusstseins		
(9) *Schwindel-*, Unsicherheits-, Schwäche- oder Benommenheitsgefühl	☐	☐
(10) Gefühle, dass Dinge unwirklich sind (*Derealisation*) oder dass man „selbst weit entfernt" oder „nicht richtig da" ist (*Depersonalisation*)	☐	☐
(11) Furcht, *Kontrolle* zu verlieren, verrückt zu werden oder „auszuflippen"	☐	☐
(12) Angst zu *sterben*	☐	☐
Allgemeine Symptome		
(13) *Hitzewallungen* oder Kälteschauer	☐	☐
(14) *Gefühllosigkeit* oder Kribbelgefühle	☐	☐

Kriterium B ist unter folgender Bedingung erfüllt:

- Panikattacken sind *abgrenzbare* Episoden von starker Angst oder Unbehagen, die *abrupt* beginnen, innerhalb weniger Minuten einen *Höhepunkt* erreichen und   mindestens *einige Minuten* dauern.
- Vorhandensein von mindestens *vier* Symptomen aus (1) bis (14), *darunter*   mindestens ein Symptom aus (1) bis (4).

Nein	Ver-dacht	Ja
☐ ↓ Ende	☐	☐

Ordnen Sie die ermittelte Symptomatik ein:

	Ver-dacht	Ja

- **Derzeit:** Symptomatik besteht derzeit erstmalig.
- **Derzeit und früher:** Symptomatik besteht derzeit und lag auch in einem früheren Zeitraum vor.
- **Früher:** Symptomatik bestand zu einem früheren Zeitpunkt (angeben:).

Ver-dacht	Ja
☐	☐
☐	☐
☐	☐

C Die Panikattacken sind *Folge* einer körperlichen Störung, einer organischen psychischen Störung, oder einer anderen psychischen Störung (wie Schizo- und verwandte Störungen, affektive oder somatoforme Störung).   phrenie

Nein	Ver-dacht	Ja
☐	☐	☐
		↓
		Ende

Falls Kriterien A bis C erfüllt: Panikstörung

Diagnose:

F	4	1.	0	

Tragen Sie ein: **5. Stelle Schweregrad**
Mittelschwer = **0**
(mindestens 4 *Panikattacken* innerhalb einer 4-Wochen-Periode)
schwer = **1**
(mindestens 4 *Panikattacken pro Woche* über einen Zeitraum von 4 Wochen)

Falls Kriterien für Panikstörung nicht (oder verdachtsweise nicht) erfüllt sind:
- Falls Symptomatik als *klinisch bedeutsam* beurteilt wird und keine andere spezifische Angststörung im Sinne von ICD-10 vorliegt, so kann eine andere Angststörung diagnostiziert werden:
  Andere Angststörung (F41.8)
- In den *übrigen Fällen* mit unspezifischer Symptomatik kann die folgende Diagnose gegeben werden:
  Nicht näher bezeichnete Angststörung (F41.9)

Ver-dacht	Ja
☐	☐
☐	☐

Internationale Diagnose Checklisten für ICD-10 (IDCL): Agoraphobie

A **Deutliche und anhaltende *Furcht vor* oder *Vermeidung* von**
Mindestens zwei der folgenden Situationen:

	Ver-dacht	Ja

	Nein	Ver-dacht	Ja
(1) Menschenmengen	☐	☐	☐
(2) Öffentliche Plätze	☐	☐	☐
(3) Alleine Reisen	☐	☐	☐
(4) Reisen weg von zu Hause	☐	☐	☐

Mindestens zwei Merkmale aus (1) bis (4):

☐ ↓ Ende	☐	☐

B **Bestimmen Sie die in den phobischen Situationen auftretenden Symptome**

	Ver-dacht	Ja

Symptome autonomer Erregung

	Ver-dacht	Ja
(1) *Palpitationen*, Herzklopfen oder beschleunigter Puls	☐	☐
(2) Schweißausbrüche	☐	☐
(3) Fein- oder grobschlägiger *Tremor*	☐	☐
(4) *Mundtrockenheit* (nicht infolge Medikation oder Exsikkose)	☐	☐

Symptome in Brust oder Abdomen

(5) Atembeschwerden	☐	☐
(6) Beklemmungsgefühl	☐	☐
(7) Schmerzen oder Missempfindungen in der *Brust*	☐	☐
(8) *Übelkeit* oder Missempfindungen im Abdomen (z.B. „Rumoren" im Magen)	☐	☐

Symptome des Bewusstseins

(9) *Schwindel-*, Unsicherheits-, Schwäche- oder Benommenheitsgefühl	☐	☐
(10) Gefühle, dass Dinge unwirklich sind (*Derealisation*) oder dass man „selbst weit entfernt" oder „nicht richtig da" ist (*Depersonalisation*)	☐	☐
(11) Furcht, *Kontrolle* zu verlieren, verrückt zu werden oder „auszuflippen"	☐	☐
(12) Angst zu *sterben*	☐	☐

Allgemeine Symptome

(13) *Hitzewallungen* oder Kälteschauer	☐	☐
(14) *Gefühllosigkeit* oder Kribbelgefühle	☐	☐

Kriterium B:
- Mindestens zwei der Symptome aus (1) bis (14) in mindestens einer Situation, darunter mindestens ein Symptom aus (1) bis (4).

Nein	Ver-dacht	Ja
☐ ↓ Ende	☐	☐

Ordnen Sie die ermittelte Symptomatik ein:

- **Derzeit:** Symptomatik besteht derzeit erstmalig.
- **Derzeit und früher:** Symptomatik besteht derzeit und lag auch in einem früheren Zeitraum vor.
- **Früher:** Symptomatik bestand zu einem früheren Zeitpunkt (angeben:).

☐	☐
☐	☐
☐	☐

C Deutliche *emotionale* Belastung durch das Vermeidungsverhalten oder die Angstsymptome, und Einsicht, dass diese *übertrieben* oder *unvernünftig* sind.

Nein	Ver-dacht	Ja
☐ ↓ Ende	☐	☐

D Symptome beschränken sich ausschließlich oder vornehmlich auf die gefürchteten Situationen oder auf Gedanken daran.

☐ ↓ Ende	☐	☐

E Furcht oder Vermeidung (Kriterium A) entstehen infolge von Wahn, Halluzinationen oder anderen Störungen wie organische psychische Störungen (F00-F09), Schizophrenie und verwandte Störungen (F20-F29), affektive Störungen (F30-F39) oder Zwangsstörung (F42) oder sind Folge von kulturell akzeptierten Anschauungen.

☐	☐	☐ ↓ Ende

Falls Kriterien A bis E erfüllt: Agoraphobie

Diagnose: | F | 4 | 0. | 0 | |

Tragen Sie ein: **5. Stelle mit oder ohne Panikstörung**
Falls Angstattacken auch in nicht-agoraphobischen Situationen auftreten: Überprüfen
Mittelschwer = **0**
schwer = **1**

Falls Kriterien für Agoraphobie nicht (oder verdachtsweise nicht) erfüllt sind:
Falls Symptomatik als *klinisch bedeutsam* beurteilt wird und keine andere spezifische Phobie im Sinne von ICD-10 vorliegt, so kann die Restkategorie für umschriebene Phobien gewählt werden:
Andere phobische Störung (F40.8)
In den *übrigen Fällen* mit unspezifischer Symptomatik kann die folgende Diagnose gegeben werden:
Nicht näher bezeichnete phobische Störung (F40.9)

Ver-dacht	Ja
☐	☐
☐	☐

Liebe Patientin, lieber Patient,

vielen Dank für Ihre Anmeldung zur psychosomatischen Behandlung in unserer Klinik.

Um Ihre Behandlung in unserer Klinik bereits im Vorfeld besser planen zu können, benötigen wir weitere Informationen und Unterlagen von Ihnen. Aus diesen Gründen bitten wir Sie, den beiliegenden Fragebogen sorgfältig auszufüllen und innerhalb der nächsten 14 Tage mit Hilfe des ebenfalls beiliegenden Umschlages zurückzusenden.

Die Angaben sind für Ihre Behandlung wichtig, und wir bitten Sie daher, die Fragen sorgfältig und vollständig zu beantworten. Ihre Angaben können uns auch helfen, das Behandlungsangebot für unsere Patienten weiterzuentwickeln und die Behandlungserfolge zu verbessern.

Es ist ferner geplant, im Verlauf Ihrer Behandlung die Therapieerfolge und Therapieerfolgserhaltung auch im Weiteren zu dokumentieren. Diesbezüglich werden Sie bei Aufnahme gesondert informiert.

Sämtliche Angaben unterliegen selbstverständlich den gesetzlichen Datenschutzbestim-mungen und werden streng vertraulich behandelt.

Mit freundlichen Grüßen

i.A.
Prof. Dr. E. Geissner
Ärztliche Leitung   Leitender Diplom-Psychologe

INFORMATION

Studie „Untersuchung zur Angsterkrankung"

Sehr geehrte Patientin, sehr geehrter Patient,

Aufgrund Ihrer Angsterkrankung haben Sie sich für einen Aufenthalt in der Klinik Roseneck entschieden. Wir werden in der Behandlung bemüht sein, Sie zu unterstützen, besser mit der Angsterkrankung umzugehen. Weiterhin ist die Klinik Roseneck bestrebt, die Qualität ihrer ärztlichen und therapeutischen Arbeit fortlaufend zu verbessern. Wir bitten Sie daher, uns bei einer wissenschaftlichen Untersuchung im Bereich „Angsterkrankungen" zu unterstützen.

Um den Verlauf der Angsterkrankung sowie den Erfolg der Therapie dokumentieren zu können, werden wir Ihnen bei Aufnahme und bei Entlassung einen Fragebogen vorlegen mit der Bitte, die Fragen sorgfältig zu beantworten. Einen Großteil der Fragebögen kennen Sie bereits, da Sie diese bereits bei Anmeldung schon einmal ausgefüllt haben.

Zur Dokumentation der Therapieerfolgserhaltung werden wir Ihnen sechs Monate nach Entlassung einen weiteren Fragebogen zusenden, ebenfalls mit der Bitte um sorgfältige Beantwortung der Fragen.

Die oben genannten Fragebögen beinhalten Fragen zur Angsterkrankung, Fragen zum allgemeinen Umgang mit Erfolg und Misserfolg sowie Fragen zu Meinungen und Erwartungen zur Therapie, Therapieerfolgen und Therapieerfolgserhaltung.
Diese Untersuchung wird von Frau Dipl.-Psych. P. M. Ivert durchgeführt und steht unter der Leitung von Herrn Prof. Dr. E. Geissner.

Die Teilnahme an dieser Fragebogenstudie ist selbstverständlich freiwillig. Umso mehr freuen wir uns, wenn Sie uns bei unserem Forschungsprojekt unterstützen und die Fragebögen bearbeiten. Alle Ihre Angaben werden streng vertraulich behandelt und unterliegen den gesetzlichen Datenschutzbestimmungen. Die Daten werden ausschließlich für Forschungszwecke verwendet. Sollten Sie nicht an der Fragebogen Untersuchung teilnehmen wollen, entstehen Ihnen hieraus für die Behandlung in unserer Klinik keine Nachteile. Dies gilt auch, wenn Sie zwischendurch von Ihrer Teilnahme zurücktreten.

Wenn Sie das vorangegangene gelesen haben, Ihnen der Inhalt verständlich ist und Sie bereit sind an der Studie teilzunehmen, bitten wir Sie, die beigefügte Einverständniserklärung zu unterschreiben.

Für Ihre Mitarbeit bedanken wir uns herzlich!

Prof. Dr. M. Fichter   Prof. Dr. E. Geissner   Petra M. Ivert
Ärztlicher Direktor   Leitender Diplom-Psychologe   Diplom-Psychologin

EINVERSTÄNDNISERKLÄRUNG

Studie:

„Untersuchung zur Angsterkrankung"

Name / Vorname _____

Station _____

Ich wurde darüber informiert, dass an der Klinik Roseneck eine Untersuchung zum Thema „Angsterkrankungen" durchgeführt wird. Die Teilnahme an dieser Untersuchung beinhaltet das Ausfüllen von Fragebögen zu verschiedenen Zeitpunkten.

Mir wurde im umseitigen Informationsblatt versichert, dass die Teilnahme an dieser Untersuchung freiwillig erfolgt und dass mir keine Nachteile in der regulären Therapie entstehen, wenn ich an der Untersuchung nicht teilnehme. Auch wurde mir versichert, dass ich jederzeit im Verlauf der Untersuchung von dieser zurücktreten kann.

Weiterhin wurde mir versichert, dass keine personenbezogenen Daten (Name, Geburtsdatum, Adresse oder sonstige Angaben, die Rückschlüsse auf meine Person zulassen) an Dritte weitergegeben werden. Mir wurde versichert, dass die Angaben streng vertraulich behandelt werden und grundsätzlich den gesetzlichen Datenschutzbestimmungen unterliegen.

_____   _____
(Ort/Datum)   (Unterschrift der/des Teilnehmerin/-s)

Sehr geehrte Patientin, sehr geehrter Patient,

aufgrund Ihrer Angsterkrankung waren Sie vor etwa sechs Monaten stationär in der Klinik Roseneck. Wir hoffen, dass Sie die damals erzielten Fortschritte bereits in Ihrem Alltag umsetzen konnten. Die Klinik Roseneck ist bestrebt, die Qualität ihrer ärztlichen und therapeutischen Arbeit fortlaufend zu verbessern. Um den Verlauf der Angsterkrankung sowie den Erfolg der Therapie dokumentieren zu können, haben Sie bereits während des Aufenthaltes zwei Fragebögen ausgefüllt.

Um nun einen Überblick über die Therapieerfolgserhaltung zu bekommen, senden wir Ihnen heute einen weiteren Fragebogen zu mit der Bitte um sorgfältige Beantwortung der Fragen und die Rücksendung im beiliegenden Antwortkuvert.

Die Teilnahme an dieser Fragebogenstudie ist selbstverständlich freiwillig. Umso mehr freuen wir uns, wenn Sie uns bei unserem Forschungsprojekt unterstützen und die Fragebögen bearbeiten. Sämtliche Angaben unterliegen selbstverständlich den gesetzlichen Datenschutzbestimmungen und werden streng vertraulich behandelt.

Für Ihre Mitarbeit bedanken wir uns herzlich!

Mit freundlichen Grüßen

	i.A.
	Prof. Dr. E. Geissner
Ärztliche Leitung	Leitender Diplom-Psychologe

Beck- Angstinventar (BAI)

Auf dieser Seite finden Sie eine Aufstellung von Empfindungen, die vorkommen können, wenn man ängstlich ist. Bitte lesen Sie jede Empfindung sorgfältig durch. Geben Sie jeweils an, *WIE SEHR* Sie durch jede dieser Empfindungen in der *LETZTEN WOCHE, EINSCHLIESSLICH HEUTE* belastet waren, indem Sie ein Kreuz in die zutreffende Spalte machen.

		überhaupt nicht	wenig Es störte mich nicht sehr	mittel Es war unangenehm aber ich konnte es aushalten	stark Ich konnte es kaum aushalten
1.	Taubheit oder Kribbeln	□	□	□	□
2.	Hitzegefühle	□	□	□	□
3.	Weiche Knie / Beine	□	□	□	□
4.	Unfähig, mich zu entspannen	□	□	□	□
5.	Befürchtung des Schlimmsten	□	□	□	□
6.	Schwindlig oder benommen	□	□	□	□
7.	Herzrasen oder Herzklopfen	□	□	□	□
8.	Wacklig oder schwankend	□	□	□	□
9.	Schrecken	□	□	□	□
10.	Nervös	□	□	□	□
11.	Erstickungsgefühle	□	□	□	□
12.	Zitternde Hände	□	□	□	□
13.	Zittrig	□	□	□	□
14.	Angst, die Kontrolle zu verlieren	□	□	□	□
15.	Atembeschwerden	□	□	□	□
16.	Angst zu sterben	□	□	□	□
17.	Furchtsam	□	□	□	□
18.	Magen- oder Darmbeschwerden	□	□	□	□
19.	Schwächegefühl	□	□	□	□
20.	Glühendes Gesicht	□	□	□	□
21.	Schwitzen (nicht wegen Hitze)	□	□	□	□

Geschlecht: männlich □   weiblich □   Alter: _____

Vielen Dank für Ihre Mitarbeit!

Fragebogen zur Angst vor körperlichen Symptomen (BSQ)

In diesem Fragebogen finden Sie eine Liste bestimmter Körperempfindungen, die auftreten könnten, wenn Sie nervös sind oder wenn Sie sich in einer Situation befinden, die Ihnen Angst macht.

1. Bitte geben Sie an, **wie viel** Angst Sie vor diesen Empfindungen haben, indem Sie die entspre-chende Zahl ankreuzen. Benutzen Sie folgende fünf Abstufungen, von „nicht beunruhigt" bis „extrem ängstlich":

    1 = Nicht beunruhigt oder ängstlich durch diese Empfindung.
    2 = Ein wenig ängstlich durch diese Empfindung.
    3 = Mittelmäßig ängstlich durch diese Empfindung.
    4 = Sehr ängstlich durch diese Empfindung.
    5 = Extrem ängstlich durch diese Empfindung.

2. Bitte geben Sie durch Unterstreichen an, welche Körperempfindungen Sie in Ihrem Leben am schwierigsten finden. Dies wären die beunruhigenden Empfindungen, die am häufigsten vorkommen.

		gar nicht	ein wenig	mittelmäßig	sehr	extrem
1.	Herzklopfen	☐	☐	☐	☐	☐
2.	Druck oder ein schweres Gefühl in der Brust	☐	☐	☐	☐	☐
3.	Taubheit in Armen und Beinen	☐	☐	☐	☐	☐
4.	Kribbeln in den Fingerspitzen	☐	☐	☐	☐	☐
5.	Taubheit in einem anderen Teil Ihres Körpers	☐	☐	☐	☐	☐
6.	Gefühl, keine Luft zu bekommen	☐	☐	☐	☐	☐
7.	Schwindel	☐	☐	☐	☐	☐
8.	Verschwommene oder verzerrte Sicht	☐	☐	☐	☐	☐
9.	Übelkeit	☐	☐	☐	☐	☐
10.	Flaues Gefühl im Magen	☐	☐	☐	☐	☐
11.	Gefühl, einen Stein im Magen zu haben	☐	☐	☐	☐	☐
12.	Einen Kloß im Hals haben	☐	☐	☐	☐	☐
13.	Weiche Knie	☐	☐	☐	☐	☐
14.	Schwitzen	☐	☐	☐	☐	☐
15.	Trockene Kehle	☐	☐	☐	☐	☐
16.	Sich desorientiert oder verwirrt fühlen	☐	☐	☐	☐	☐
17.	Sich abgelöst vom eigenen Körper fühlen	☐	☐	☐	☐	☐
18.	Andere *(bitte angeben):*	☐	☐	☐	☐	☐

Fragebogen zu angstbezogenen Kognitionen (ACQ)

In diesem Fragebogen finden Sie einige Gedanken oder Ideen, die Ihnen durch den Kopf gehen könnten, wenn Sie nervös oder ängstlich sind.

1. Bitte geben Sie durch Ankreuzen der entsprechenden Ziffer an, **wie oft** jeder der folgenden Gedanken vorkommt, wenn Sie nervös oder ängstlich sind. Die Ziffern bedeuten folgendes:

   1 = Der Gedanke kommt nie vor.
   2 = Der Gedankte kommt selten vor.
   3 = Der Gedanke kommt ungefähr die Hälfte der Zeit vor, wenn ich nervös oder ängstlich bin.
   4 = Der Gedanke kommt gewöhnlich vor.
   5 = Der Gedanke kommt immer vor.

2. Bitte geben Sie auch an, welche drei Gedanken am häufigsten vorkommen, indem Sie jeweils den ganzen Satz unterstreichen.

		nie	selten	Hälfte der Zeit	gewöhnlich	immer
1.	Ich muß mich gleich übergeben.	□	□	□	□	□
2.	Ich werde in Ohnmacht fallen.	□	□	□	□	□
3.	Ich muß einen Hirntumor haben.	□	□	□	□	□
4.	Ich werde einen Herzanfall bekommen.	□	□	□	□	□
5.	Ich werde ersticken.	□	□	□	□	□
6.	Ich werde mich lächerlich benehmen.	□	□	□	□	□
7.	Ich werde blind werden.	□	□	□	□	□
8.	Ich werde mich nicht kontrollieren können.	□	□	□	□	□
9.	Ich werde jemandem etwas antun.	□	□	□	□	□
10.	Ich werde einen Schlaganfall bekommen.	□	□	□	□	□
11.	Ich werde verrückt werden.	□	□	□	□	□
12.	Ich werde schreien.	□	□	□	□	□
13.	Ich werde Unsinn reden oder stammeln.	□	□	□	□	□
14.	Ich werde vor Angst erstarren.	□	□	□	□	□
15.	Andere Gedanken, die hier nicht angeführt sind *(bitte angeben):*	□	□	□	□	□

Mobilitätsinventar (MI)

Bitte geben Sie an, in welchem Ausmaß Sie aus Angst oder Unbehagen die folgenden Situationen und Plätze vermeiden. Geben Sie einmal das Ausmaß Ihrer Vermeidung an, wenn Sie von einer Person begleitet werden, zu der Sie Vertrauen haben, und das andere mal, wenn Sie *allein* sind. Benutzen Sie dabei die folgenden Zahlen:

> *1 = Vermeide niemals.*
> *2 = Vermeide selten.*
> *3 = Vermeide ungefähr die Hälfte der Zeit.*
> *4 = Vermeide meistens.*
> *5 = Vermeide immer.*

Wenn Sie es für angebracht halten, können Sie auch Zahlen in der Mitte zwischen den hier aufgeführten wählen, z.B. 3 ½ oder 4 ½.

Schreiben Sie für jede Situation oder jeden Platz jeweils eine Zahl dafür, dass Sie **begleitet** werden, und eine Zahl dafür, dass Sie **allein** sind. Falls eine Situation Sie nicht betrifft, lassen Sie die Zeile leer

		Begleitet	Allein
	Plätze:		
1.	Kinos oder Theater		
2.	Supermärkte		
3.	Schul- oder Ausbildungsräume		
4.	Kaufhäuser		
5.	Gaststätten		
6.	Museen		
7.	Fahrstühle		
8.	Säle oder Stadien		
9.	Parkhäuser oder –garagen		
10.	Hohe Plätze – wie hoch?		
11.	Geschlossene Räume (z.B. Tunnel)		
12.	Offene Plätze – außen (z.B. Straßen, Höfe)		
13.	Offene Plätze – innen (z.B. große Räume, Hallen)		

		Begleitet	Allein
	Fahren mit:		
14.	Bussen		
15.	Zügen		
16.	Untergrundbahnen		
17.	Flugzeugen		
18.	Schiffen		
19.	Autos – überall		
20.	Autos – auf Autobahnen / Landstraßen		
	Situationen:		
21.	Schlange stehen		
22.	Brücken überqueren		
23.	Parties, Feste oder Zusammenkünfte		
24.	Auf der Straße gehen		
25.	Zu Hause allein sein		
26.	Weit weg von zu Hause sein		
27.	Menschenmengen		
28.	Andere (welche?):		

Intentionale Stufen des Transtheoretischen Modells (TTM1)

In diesem Fragebogen finden Sie eine Liste von Gedanken oder Einstellungen, die in unterschiedlichem Maße auf Sie zutreffen können.
Bitte lesen sie jede Formulierung sorgfältig durch und schätzen Sie sich selbst auf der jeweiligen Skala ein.
Überlegen Sie nicht erst, welche Antwort „*den besten Eindruck*" machen könnte, sondern antworten Sie so, wie es auf Sie persönlich zutrifft.

Bitte lassen Sie keine Zeile aus! Alle Ihre Antworten werden vertraulich behandelt.

		Trifft genau zu	Trifft etwas zu	Trifft überhaupt nicht zu
1.	Ich habe alles versucht, was andere mir zur Bewältigung meiner Ängste oder Panikattacken empfohlen haben, doch nichts hilft.	☐	☐	☐
2.	Meine Ängste oder Panikattacken sind ausschließlich ein medizinisches Problem und deswegen die Sache von Ärzten.	☐	☐	☐
3.	Angstbewältigungsstrategien zu erlernen halte ich für sinnlos.	☐	☐	☐
4.	Trotz allem was die Ärzte sagen, bin ich davon überzeugt, dass es eine Operation oder ein Medikament geben muss, mit dessen Hilfe ich meine Ängste oder Panikattacken loswerden kann.	☐	☐	☐
5.	Das Beste für mich ist es, einen Arzt zu finden, der herausfindet, wie ich meine Ängste oder Panikattacken ein für alle Mal loswerde.	☐	☐	☐
6.	Ich frage mich, warum kann nicht irgendjemand etwas tun, um meine Ängste oder Panikattacken zu beseitigen?	☐	☐	☐
7.	All´ dies Gerede darüber, wie man selbst mit Ängsten oder Panikattacken besser umgehen kann, ist reine Zeitverschwendung für mich.	☐	☐	☐
8.	Ich vermute, dass meine Ängste oder Panikattacken ein langwieriges Problem sind. Aber es gibt nichts, was ich selbst wirklich verändern kann.	☐	☐	☐
9.	Ab und an überlege ich mir, ob ich eventuell selbst etwas tun könnte, um mit meinen Ängsten und Panikattacken besser umzugehen.	☐	☐	☐

		Trifft genau zu	Trifft etwas zu	Trifft überhaupt nicht zu
10.	Ich will es am liebsten nicht wahrhaben, dass ich vielleicht meine Ängste und Panikattacken selbst beeinflussen könnte.	☐	☐	☐
11.	Es fällt mir schwer, offen zuzugeben, dass ich Hilfe benötige, um Angstbewältigungsstrategien zu entwickeln.	☐	☐	☐
12.	Ich frage mich insgeheim, ob es nicht auch meine Aufgabe ist, die Ängste und Panikattacken unter Kontrolle zu bringen, anstatt mich auf Ärzte zu verlassen.	☐	☐	☐
13.	Ich beginne zu vermuten, dass es keine ausschließlich medizinische Antwort auf mein Angstproblem gibt.	☐	☐	☐
14.	Vielleicht gibt es noch andere Wege, mit Ängsten und Panikattacken umzugehen, aber ich weiß nicht wie.	☐	☐	☐
15.	Gelegentlich frage ich mich, ob es neben der medizinischen Behandlung noch andere Wege gibt, mit Ängsten und Panikattacken umzugehen.	☐	☐	☐
16.	Ich ahne, dass Ärzte mir nur bis zu einem gewissen Grad bei der Bewältigung meiner Ängste und Panikattacken helfen können und alles weitere dann bei mir liegt.	☐	☐	☐
17.	Ich habe inzwischen ernsthaft darüber nachgedacht, ob es nicht etwas gibt, um besser mit meinen Ängsten zurechtzukommen.	☐	☐	☐
18.	Ich habe in letzter Zeit erfahren, dass es keine ausschließlich medizinische Heilung meiner Ängste Panikattacken gibt. Deshalb möchte ich jetzt lernen, wie ich mit meinen Ängsten und Panikattacken anders umgehen kann.	☐	☐	☐
19.	Selbst wenn die Symptome meiner Ängste und Panikattacken nicht mehr gänzlich weggehen sollten, bin ich bereit, die Art, wie ich damit umgehe, zu ändern.	☐	☐	☐
20.	Es ist an der Zeit, mir über einen anderen Umgang mit meinen Ängsten und Panikattacken ernsthaft Gedanken zu machen.	☐	☐	☐

		Trifft genau zu	Trifft etwas zu	Trifft überhaupt nicht zu
21.	Ich werde innerhalb des nächsten Monats damit beginnen, Einfluss auf meine Ängste oder Panikattacken zu nehmen, bevor sie mein Leben ruinieren.	☐	☐	☐
22.	Ich habe die ernsthafte Absicht, in naher Zukunft mit meinen Ängsten und Panikattacken anders als bisher umzugehen.	☐	☐	☐
23.	Ich werde in nächster Zeit Hilfe in Anspruch nehmen, um herauszufinden, was ich selbst tun könnte, damit ich mich besser fühle.	☐	☐	☐
24.	Ich habe mich informiert, was ich selbst tun kann, um meine Ängste und Panikattacken zu beeinflussen und werde in den nächsten Wochen damit anfangen.	☐	☐	☐

Vielen Dank für Ihre Mitarbeit!

Behaviorale Stufen des Transtheoretischen Modells (TTM2)

In diesem Fragebogen finden Sie eine Liste von Gedanken oder Einstellungen, die in unterschiedlichem Maße auf Sie zutreffen können.
Bitte lesen sie jede Formulierung sorgfältig durch und schätzen Sie sich selbst auf der jeweiligen Skala ein.
Überlegen Sie nicht erst, welche Antwort *„den besten Eindruck"* machen könnte, sondern antworten Sie so, wie es auf Sie persönlich zutrifft.

Bitte lassen Sie keine Zeile aus! Alle Ihre Antworten werden vertraulich behandelt.

		Trifft genau zu	Trifft etwas zu	Trifft überhaupt nicht zu
25.	Ich gehe neue Wege, um mit meinen Ängsten und Panikattacken besser umzugehen.	☐	☐	☐
26.	Ich habe vor einigen Wochen damit begonnen, Strategien anzuwenden, die mir helfen, meine Ängste und Panikattacken besser zu kontrollieren.	☐	☐	☐
27.	Ich lerne seit einigen Wochen verschiedene Strategien, um meine Ängste und Panikattacken zu beeinflussen.	☐	☐	☐
28.	Ich werde seit einigen Wochen darin unterstützt, Strategien zur besseren Bewältigung meiner Ängste und Panikattacken zu erlernen.	☐	☐	☐
29.	Ich lerne bereits seit mehreren Wochen, meine Ängste und Panikattacken selbst, ohne ärztliche Hilfe, zu kontrollieren.	☐	☐	☐
30.	Ich arbeite bereits seit mehr als einem Monat aktiv daran, Fähigkeiten zur besseren Handhabung meiner Ängste und Panikattacken zu erlernen.	☐	☐	☐
31.	Ich wende das, was ich gelernt habe, um meine Ängste und Panikattacken zu kontrollieren, bereits seit geraumer Zeit an.	☐	☐	☐
32.	Vorschläge von anderen, wie ich besser mit meinen Ängsten und Panikattacken leben kann, habe ich seit mehreren Monaten umgesetzt.	☐	☐	☐
33.	Wenn Symptome meiner Angst und Panikattacken auftreten, lasse ich mich nicht aus der Ruhe bringen und gehe „meinem Alltag" weiter nach.	☐	☐	☐

		Trifft genau zu	Trifft etwas zu	Trifft überhaupt nicht zu
34.	Ich weiß seit langem, dass ich meine Ängste und Panikattacken beherrschen kann.	☐	☐	☐
35.	Seit mehreren Monaten werde ich in meinem Alltag nur noch wenig von meinen Ängsten und Panikattacken beeinflusst.	☐	☐	☐
36.	Selbstverständlich sind Angstbewältigungs-strategien ein fester Bestandteil meines Alltags.	☐	☐	☐
37.	Ich bin mir sicher, dass ich der eigentliche „Experte" meiner Ängste und Panikattacken bin.	☐	☐	☐
38.	Seit langem wende ich regelmäßig Angstbewältigungsstrategien an, um zu verhindern, dass meine Ängste und Panikattacken mein Leben zerstören.	☐	☐	☐
39.	Ich habe meine Ängste und Panikattacken und ihre Auswirkungen auf mein Leben 100%ig im Griff.	☐	☐	☐
40.	Strategien zur Bewältigung meiner Ängste und Panikattacken wende ich bereits seit mehr als einem halben Jahr regelmäßig an.	☐	☐	☐
41.	Unter keinen Umständen werde ich auf die Anwendung von Strategien zur Kontrolle meiner Ängste und Panikattacken verzichten.	☐	☐	☐
42.	Meine Ängste und Panikattacken werden mein Leben nie mehr so beeinträchtigen, wie sie es früher getan haben.	☐	☐	☐
43.	Ich bin mir absolut sicher, die erlernten Strategien zur Bewältigung meiner Ängste und Panikattacken in den nächsten Jahren weiterhin anzuwenden.	☐	☐	☐
44.	Egal was andere von mir denken, aus eigener Erfahrung werde ich Strategien zur Bewältigung meiner Ängste und Panikattacken uneingeschränkt weiter empfehlen.	☐	☐	☐

Vielen Dank für Ihre Mitarbeit!

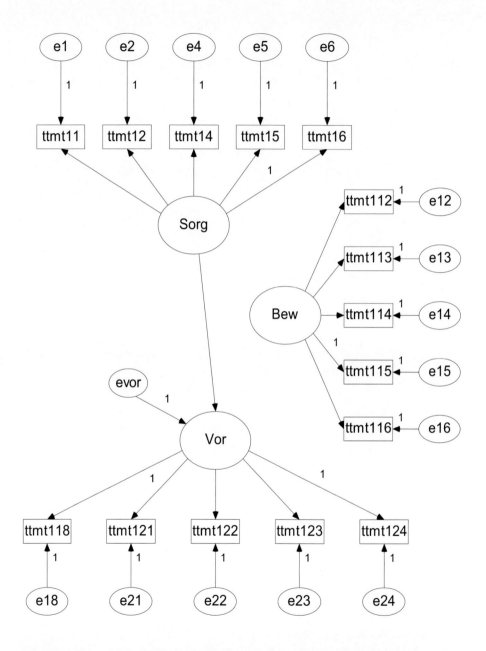

Anmerkung. Pfadmodell für TTM1. Sorg = Sorglosigkeit, Bew = Bewusstwerden, Vor = Vorbereitung, ttmt11- ttmt124 = Items des TTM1, e = Fehlerwerte, Pfeile = standardisierte Regressionsgewichte.

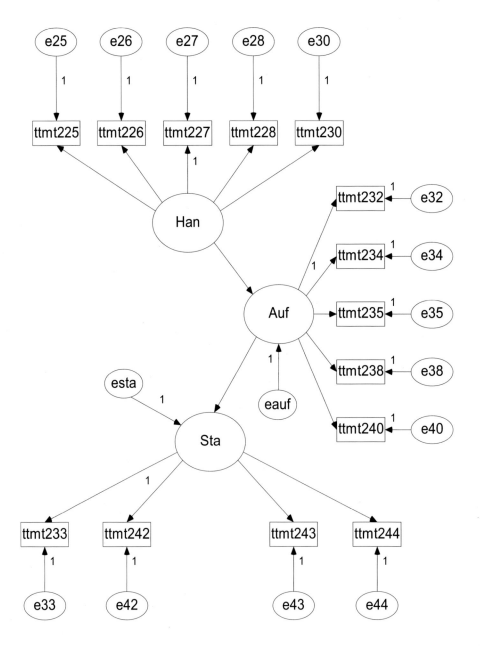

Anmerkung. Han = Handlung, Auf = Aufrechterhaltung, Sta = Stabilität, ttmt225 – ttmt244 = Items des TTM2, e: Fehlerwerte, Pfeile = standardisierte Regressionsgewichte.